Valerie McIntyre
Wie Schafe im Wolfspelz

Valerie J. McIntyre

Wie Schafe im Wolfspelz

Wie unerkannte Nöte unsere Beziehungen zerstören können – und was man dagegen tun kann

ASAPH VERLAG

Titel der amerikanischen Originalausgabe: Sheep in Wolves' Clothing

Die amerikanische Originalausgabe ist erschienen bei:
Baker Books, a Division of BAKER BOOK HOUSE Company,
P. O. Box 6287, Grand Rapids, MI 49516-6287, USA.

Aus dem Amerikanischen übersetzt von Manfred Schmidt.

Umschlaggestaltung: IMAGE Grafik-Design, D-Landsberg
Satz: CONVERTEX, D-Aachen
Druck: Breklumer Druckerei M. Siegel, D-Breklum

Printed in Germany

ISBN 3-931025-64-0
Bestellnummer 147564

Für Charis, der Verkörperung der Gnade Gottes für mich.

Inhalt

Über die Autorin

Valerie J. McIntyre ist seit 1992 für die Verwaltung von Pastoral Care Ministries, Inc. in Wheaton, Illinois, zuständig. Vorher war sie vier Jahre lang Koordinatorin der Partnership Ministries – Bibles for the World.

Während ihres Studiums am Wheaton College, einer der renommiertesten evangelikalen Universitäten der USA, leitete sie das Evangelisationsteam und begann eine Arbeit unter Obdachlosen in Chicago. 1988 machte sie ihren Bachelor in Sozialwissenschaften. Mit 15 Jahren erlebte Valerie eine dramatische Bekehrung zu Christus, als sie in der Bibel las. 1989 besuchte sie eine Konferenz von Pastoral Care Ministries, der Arbeit von Leanne Payne, und fand zum ersten Mal den Ansatz einer Antwort für Schwierigkeiten, die in ihren Jahren am College aufgetaucht waren: schwere Probleme in Beziehungen.

1994 berichtete Valerie von ihrem Problem in einem Vortrag mit dem Titel „Overcoming Transference in Relationships" auf einer PCM-Konferenz in England. Die Reaktion dort und auf den folgenden Konferenzen in den USA und in Kontinentaleuropa war äußerst tiefgreifend und führten zur Entstehung des vorliegenden Buchs. Es will vor allem Pastoren und Laien im geistlichen Dienst befähigen, die Gefährlichkeit der Dynamik von Übertragungen in ganz gewöhnlichen Beziehungen zu erkennen und zu bewältigen.

Valerie ist außerdem eine begabte Musikerin, Sängerin und Anbetungsleiterin. Sie ist mit Mark McIntyre verheiratet und hat eine Tochter namens Charis Elizabeth.

Vorwort

Mit *Wie Schafe im Wolfspelz* hat Valerie McIntyre ein außerordentlich wichtiges Buch vorgelegt, das für geistliche Leiter wie für Laien gleichermaßen Heilung bringen kann. Ihre Einsichten in das psychologische und geistliche Übel, das bei Psychologen unter dem Namen „Übertragung" bekannt ist, sind schlichtweg bahnbrechend.

Der Grund dafür ist nicht ein außergewöhnliches Wissen über die Funktionsweise und Psychologie von Übertragungen, Projektionen, Abspaltungen usw., obwohl sie in diesen Bereichen viele Einsichten hat. Ihre Beobachtungen sind vielmehr deshalb so erhellend, weil sie die überaus schmerzhaften Erfahrungen mit Übertragung in der Gegenwart Gottes durchlebt hat und dabei die Regungen ihres Innersten dem Licht der Schrift ausgesetzt hat. Im Gehorsam gegenüber Gott hat sie in diesem Prozeß die richtigen Entscheidungen getroffen, die dem menschlichen Stolz den Todesstoß versetzen.

Valerie hatte den tiefen Wunsch, Gott und seine Wahrheit zu erkennen. Sie ließ sich voll und ganz auf die Realität ein – darauf, wie die Dinge wirklich sind – und gewann so geistliche Einsichten in die Regungen einer verletzten Seele. In dem vorliegenden Buch läßt sie uns an ihrer Geschichte und ihren Einsichten mit eindringlicher Klarheit Anteil haben. So können wir alle aus ihrem Mut und ihrer Ehrlichkeit Nutzen ziehen.

Zurüstung zum Kampf

Eine Seele, die durch die eigene Sünde oder die eines anderen traumatisiert ist, kann diese Sünde und die damit einhergehenden Verletzungen verdrängen oder abspalten. Später wird dann diese abgespaltene „Schlechtigkeit" auf andere projiziert. Wird diese

Dynamik korrekt erkannt und in das Licht der Wahrheit gebracht, dann ist diese Übertragung ungeachtet der damit verbundenen Schmerzen Gold wert. Denn in ihr kommen krankhafte Elemente des eigenen Unterbewußten ans Licht. Wenn die schmerzhaften Erinnerungen und die Verleugnungsmechanismen, mit denen sie verdrängt wurden, angegangen werden, dann kommt es zur Heilung.

Aber wer diese Situation nicht durchschaut und nicht in der Lage ist, sich den dahinterliegenden Problemen zu stellen, ist unfähig, seine Schwierigkeiten zu lösen. An diesem Punkt werden dann Christen zu „Wölfen im Schafspelz" in der Herde Gottes, und wir merken, daß wir selbst plötzlich mit ihnen im Streit liegen. Unglücklicherweise scheint sich dieses Phänomen immer mehr zu häufen, wohl aufgrund der Zunahme kaputter Familien und dem Verlust einer stabilen elterlichen Erziehung.

Wir bezeichnen diejenigen, die mit hoher Wahrscheinlichkeit Opfer solcher Übertragungen werden, inzwischen als „hochgradig übertragungsanfällig". Werden sie zum Gegenstand einer Übertragung, so werden sie von dem bedürftigen Einzelnen zunächst überidealisiert; er sieht sie als absolut gut und fehlerlos. Wenn dann der Heilungsprozeß beginnt und die unterdrückten Erinnerungen und Gefühle zum Vorschein kommen, dann projiziert der Bedürftige seine krankhaften Regungen auf das Objekt der Übertragung, das demzufolge als durch und durch schlecht wahrgenommen wird. Neid, Verleumdungen und Lügen sind die normalen Begleiterscheinungen einer solchen Übertragung.

Wenn wir nicht verstehen, was in solch einem Fall wirklich abläuft, dann werden die Lügen und die Verleumdungen die Einheit unter den Christen zerstören und Gottes Werk der Erneuerung blockieren. Ich hatte reichlich Gelegenheit, die Tatsache zu beklagen, daß ich selbst „hochgradig übertragungsanfällig" bin. Hätte ich nicht gelernt, diese Dynamik zu verstehen, dann wäre ich vielleicht schon nicht mehr im geistlichen Dienst. Weil ich ein mütterlicher Typ bin und mein Dienst sehr viel mit dem Heilungsgebet für die Wunden der frühesten Kindheit zu tun hat, bekomme ich manchmal das Schlimmste ab.

Man muß verstehen, was Valerie in diesem Buch schildert, um es in vernünftiger Weise mit dem geistlichen Kampf verbinden zu können, der heute im Leib Christi tobt. Dadurch wird man in der „Gabe des geistlichen Kampfes" gestärkt. Oswald Chambers hat es so formuliert: „Wir sind nicht gesandt, um für Gott zu kämpfen, sondern uns von Gott in seinen Kämpfen gebrauchen zu lassen.“ Ich denke, daß *Wie Schafe im Wolfspelz* eine wichtige Ausrüstung für unsere Auseinandersetzungen darstellt und uns hilft, zu „widerstehen und unseren Stand zu behalten“, wenn die Schlacht gewonnen ist.

Leanne Payne

Dank

König Salomo schrieb einst: „Das Vorhaben im Herzen eines Mannes ist wie ein tiefes Wasser; aber ein kluger Mann kann es schöpfen“ (Sprüche 20,5). Ich bin Leanne Payne zutiefst dankbar dafür, daß sie, lange bevor ich selbst dazu in der Lage war, erkannte, daß es Wasser im Herzen meines Brunnens gab, das den Durst vieler stillen würde, wenn man es schöpfen könnte. Denn viele leiden Durst, da sie einen Mangel an Einsicht in das Thema der Übertragung haben.

Ein besonderer Dank geht an Rev. Mario Bergner für die *Art*, wie er seine Geschichte in den Seminaren von Pastoral Care Ministry erzählt. Seine Ehrlichkeit hat mich ermutigt – meine Geschichte zuerst wahrheitsgemäß aufzuschreiben und sie dann auch öffentlich mitzuteilen. Hätte ich diese ersten Schritte nicht gemacht, wäre dieses Buch nicht zustande gekommen.

Die Kraft, dieses Projekt zu Ende zu führen, habe ich auch der Freundschaft und der Gebetsunterstützung von Rev. Bob und Connie Boerner, John Fawcett, Cindy Keuchenberg, Karen Miller, Eirik und Jeanne Olsen, Amy Boucher Pye, Dr. Jeffrey Satinover und Helen Solem zu verdanken.

Und schließlich bin ich besonders meinem Mann Mark für die vielen tiefen Diskussionen dankbar, die wir über dieses Thema geführt haben.

Einführung

Heutzutage haben viele Pastoren die Hoffnung auf von Heiligkeit und Liebe geprägte Beziehungen zu den Menschen in ihrer Gemeinde aufgegeben. Statt dessen haben sie sich damit zufrieden gegeben, einfach nur noch zu überleben. Statt sich staunend darüber zu freuen, wie das Reich Gottes Fortschritte macht, wenn sie Hand in Hand mit ihrer Herde dem Großen Hirten folgen, ist ihnen als einziges die Erwartung geblieben, daß ihre Gemeinden sich ständig mit kleinkarierten Streitereien oder sogar bösartigen Konflikten herumzuschlagen haben.

Mitten in all diesen Schmerzen und dem Durcheinander haben viele geistliche Leiter versucht, einen Sinn in den erlebten Enttäuschungen zu sehen. Einige haben ihren Dienst an den Nagel gehängt. Andere haben ihre Erwartungen heruntergeschraubt. Wieder andere haben sich zu Marionetten der streitenden Parteien machen lassen, die es in vielen Gemeinden gibt.

Viele der Konflikte, die Gemeinden spalten und Leiter den Dienst quittieren lassen, haben mit einer nicht erkannten *Übertragungsdynamik* zu tun. Dieser Begriff aus der Welt der Psychologen, Ärzte und Seelsorger beschreibt die Tatsache, daß Erfahrungen, Erinnerungen und andere Faktoren der Vergangenheit in die Gegenwart hinein übertragen werden können, was zu einer enormen Verwirrung führt. Im allgemeinen aber wird die Rolle, die diese Dynamik in Gemeindekonflikten spielt, nicht verstanden. So kommt es zu dem, was Hosea folgendermaßen beschreibt: „Mein Volk kommt um, weil ihm die Erkenntnis fehlt" (Hosea 4,6; EÜ).

Gemeinden sind allerdings nicht der einzige Ort, an dem Übertragungen auftreten. Es kann sie zwischen zwei Freunden geben, zwischen Arbeitgeber und Arbeitnehmer, zwischen einem Einzelnen und seinem geistlichen Mentor. In erster Linie sind natürlich Leiter Zielscheiben für Übertragungen.

Unabhängig von der konkreten Situation leiden alle, die damit zu tun haben, wenn ein Übertragungsphänomen nicht erkannt wird. Die ungelösten Probleme der Vergangenheit prägen der Gegenwart ihren Stempel auf. Das gilt in erster Linie für denjenigen, der darunter leidet, aber auch zunehmend für alle Personen, mit denen er oder sie in Kontakt kommt.

Wenn die Dynamik einer Übertragung Pastoren verletzt oder zugrunde richtet, werden Unschuldige und Unbeteiligte ihres Hirten beraubt – oder sie haben danach einen Hirten, der zu viel Angst hat, um noch wirkungsvoll zu leiten. Die Leiter und ihre Familien können in diesem Prozeß zutiefst verletzt werden. Die Gemeinde wird in Verwirrung gestürzt; Gerüchte, Täuschungen und Intrigen sind das Ergebnis.

Traurigerweise schafft es derjenige, der den Kern des Problems darstellt, also das Subjekt der Übertragung, nicht, die nötige Hilfe zu erhalten. Solche Schafe im Wolfspelz werden ihr abscheuliches Fell nie los. Sie bleiben in ihre Sünde und in ihren Schmerz verstrickt.

Es gibt aber auch eine gute Nachricht: Das Licht der Einsicht kann in solchen Situationen aufscheinen, sobald die Übertragungsdynamik identifiziert worden ist. Und alle Beteiligten können Gottes Heilung erleben, wenn sie die zentrale Wahrheit unseres Glaubens darauf anwenden, nämlich den Tod und die Auferstehung Christi.

Durch das Bekennen der Sünde, die Macht der Vergebung und die heilende Kraft des Heiligen Geistes kann das Objekt von Übertragungsprozessen, das Opfer, zu neuer Freude finden. Und durch die gleichen Mittel kann dem Subjekt der Übertragung geholfen werden, seinen Wolfspelz abzulegen und in seine wahre Identität als Sohn oder Tochter Gottes hineinzuschlüpfen.

Wir werden uns in diesem Buch die Dynamik der Übertragung und ihre Auswirkungen auf Menschen inner- und außerhalb der Gemeinde ansehen. In Teil 1 beschäftigen wir uns mit dem Phänomen der Übertragung als solchem. Hierzu erzähle ich in Kapitel 1 meine eigene Geschichte. In Kapitel 2 geht es um Definitionen von Übertragung und verwandten Phänomenen, und in Kapitel 3 schildere ich die Dynamik von in die Gegenwart projizierten Erinnerungen. Kapitel 4 beschäftigt sich noch weiter mit dieser Problematik im Säuglings- und Kleinkindalter. In Kapitel 5 betrachten wir den Zusammenhang zwischen Verdrängung, Stolz und Selbsttäuschung.

In Teil 2 wenden wir uns dem Phänomen der Übertragung im Kontext von Gemeinde zu. Dabei beschäftigen sich die Kapitel 6 bis 8 mit den verschiedenen Formen von Übertragung: offener Streitsucht, verdeckter Zwietracht und stellvertretender Übertragung. Alle diese Formen haben mit geistlichem Kampf zu tun, dem Thema von Kapitel 9.

Teil 3 schildert die Mittel, durch die es zu einer Heilung von Übertragung kommt. In Kapitel 10 setzen wir uns mit unterschiedlichen Maßnahmen und Vorgehensweisen angesichts von Übertragungsphänomenen auseinander und in Kapitel 11 mit den Fallen, die man vermeiden muß. Kapitel 12 ist für alle diejenigen geschrieben, die vermuten, daß sie selbst das Subjekt von Übertragung sind; dabei wird der Weg zur Linderung und Heilung aufgezeigt. Wir schließen mit einem Happy End, denn Gott hat uns die Mittel gegeben, um von den Schmerzen und der Verwirrung frei zu werden, die aus Übertragungen entstehen.

Teil 1

Übertragung verstehen

Kapitel 1

Meine Geschichte

Vor einigen Jahren hatte ich das, was ich damals für die perfekte Freundschaft hielt. Cindy war die erste Gleichaltrige, mit der ich mich voll identifizierte. Mit ihr verband mich eine „Seelenverwandtschaft". Ich hatte sie am Wheaton College getroffen (in einem Vorort von Chicago), wo wir beide im Leitungsteam einer dynamischen Studentengruppe tätig waren.

Wir verbrachten viel Zeit miteinander, und das nicht nur im Leitungsteam, sondern auch in unserer Freizeit. Cindy lud mich immer wieder zu Wochenenden bei ihren Großeltern ein und nahm mich in ihre Gemeinde mit. Aber nach etwa acht Monaten fing unsere Beziehung an, einen Knacks zu bekommen.

Inzwischen kann ich Aspekte in dieser Freundschaft sehen, die eine emotionale Abhängigkeit oder eine „Verkrümmtheit" offenbaren. So erinnere ich mich beispielsweise an ein Gespräch, das Cindy und ich führten, nachdem wir an einem Abend zusammen gebetet hatten. Sie bemerkte: „Manchmal, wenn wir zusammen beten, bin ich mir nicht sicher, ob ich ich selbst bin oder ob ich du bin."

Ich erkannte, daß ich dieses Fehlen persönlicher Grenzen genauso gespürt hatte. In jener Nacht lag ich stundenlang mit widerstreitenden Gefühlen wach im Bett und war völlig verwirrt. Einerseits sehnte ich mich nach diesem „Einssein", aber zugleich fühlte ich mich dabei höchst beunruhigt; ich war mir sicher, daß hier irgend etwas völlig schieflief.

Aber die emotionale Abhängigkeit war nicht das einzige Problem. Ich war auch auf Cindy neidisch. Insbesondere war ich auf ihre erstaunliche Fähigkeit eifersüchtig, absolut lebendig zu sein

– ein Zustand, den ich nicht kannte. Cindy hatte keine Komplexe oder Hemmungen und konnte ihre Gedanken und Gefühle, ihre Liebe zu Gott, zu Kindern, Freunden und Tieren ganz natürlich zum Ausdruck bringen. Im einen Augenblick bewunderte ich sie für ihre Freiheit, im nächsten kritisierte ich sie insgeheim dafür.

Veränderte Wahrnehmung

Mitten im Frühjahrssemester entschied sich Cindy ziemlich unvermittelt, Wheaton zu verlassen und nach Hause zu gehen, um ihren Studienabschluß an der örtlichen Universität zu machen. Ich war mir nicht sicher, ob ihre Entscheidung gut war. Das endlose Überlegen, ob dieser Schritt richtig oder falsch war, entwikkelte sich bei mir allmählich zu einer richtigen Zwangsvorstellung. Meine emotionale Reaktion auf diese Entscheidung stand in keinem Verhältnis zu der tatsächlichen Situation. Das galt besonders für meine Gefühle von Ablehnung, Zorn und Trauer. Wenn ich mit Cindy zusammen war, unternahm ich enorme Anstrengungen, um diese Emotionen zu verbergen.

Im darauffolgenden Jahr pflegten wir unsere Freundschaft durch Briefe, Telefonanrufe und gelegentliche Besuche. Aber meine Empfindungen von Zorn, Neid und Eifersucht wurden nur noch intensiver. Die meiste Zeit über litt ich an einer leichten Depression; Cindys Entscheidung, Wheaton zu verlassen, ging mir einfach nicht aus dem Sinn. Mit diesen permanenten Zwangsvorstellungen fiel mir dann das Studium recht schwer.

In dieser Zeit änderte sich meine Wahrnehmung von Cindy. Vor ihrem Umzug hatte ich ihre geistliche Sensibilität und ihre Begabungen bewundert; jetzt malte ich mir aus, daß ihre Beziehung zu Gott sich verschlechterte und ihre anderen Beziehungen ungesund waren. Trotzdem war ich sehr eifersüchtig auf diese Freundschaften. Solange ich nicht ihre exklusive Aufmerksamkeit hatte, war ich unglücklich.

Zunehmend bemerkte ich auch scheinbare Ähnlichkeiten zwischen Cindy und meiner Mutter. Als mich eine Freundin fragte, worin die Ähnlichkeit denn bestehe, konnte ich ihr keine objektive Antwort geben. Damals war ich nicht in der Lage zu erkennen, daß Cindy meiner Mutter eigentlich überhaupt nicht ähnlich ist. Sie hat große Stärken und Fähigkeiten in Bereichen, wo meine Mutter keine hat.

Seltsamerweise verschwanden die quälenden Gedanken und Gefühle völlig, wenn ich mit Cindy zusammen war, und ich genoß dann ihre Freundschaft wirklich. Aber meine Emotionen kamen kurz vor der Trennung oder spätestens am Tag danach wieder hoch.

Das Monster in meiner Fantasie

Es dauerte nicht lang, bis ich meine Beziehung zu Cindy als einen „Konflikt" betrachtete, der der „Lösung" und „Versöhnung" bedurfte. Ich malte mir eine Konfrontation anhand von Matthäus 18,15-17 aus, bei der ich „hingehen und ihr unter vier Augen ihre Fehler vorhalten würde". Ich wollte sie zur Rechenschaft ziehen, wo sie nicht der Bibel entsprechend gehandelt und mich verletzt hatte. Was ich am meisten wollte war, daß sie ihren Teil an unserem „Konflikt" eingestehen und sich dafür entschuldigen würde.

Schließlich unternahm ich den Versuch, sie zur Rede zu stellen, und schrieb dazu einen Brief. Ich teilte ihr mit, ich erwarte nicht, daß sie vollkommen sein muss; ich wollte nur, daß sie ihre „Fehler" und die Tatsache, daß sie mich „verletzt" hatte, eingestehen solle. Ihre Antwort auf meinen Brief aber war nicht, was ich erwartet oder erhofft hatte.

Cindy rief mich an und teilte mir mit, daß sie nicht zu der Hochzeit einer gemeinsamen Freundin gehen würde, wie ursprünglich geplant. Als ich das hörte, wurde ich extrem zornig – so zornig, daß ich selbst davor Angst bekam. Noch nie in meinem Leben hatte ich solch eine rasende Wut gegen jemand empfunden. Alle meine bisher versteckten negativen Gefühle gegenüber Cindy kamen nun ans Licht.

Sie ertrug meinen Zornesausbruch und antwortete dann auf meinen Brief. Sie wies mich darauf hin, daß „wir" keinen Konflikt hätten; er existiere nur in meiner Vorstellung. Sie sagte mir auch, daß meine Erwartungen an sie und unsere Freundschaft unrealistisch und ungesund seien. Und meine Vorwürfe wären einfach unwahr.

Als ich nicht die Entschuldigung bekam, die ich von Cindy hören wollte, wurden meine Wut und meine Verletztheit nur noch größer. In meiner Vorstellung wurde Cindy mehr und mehr zu einem Monster.

Ich wurde immer frustrierter über Cindy. Oft besprach ich meine Gefühle mit meiner Mitbewohnerin und mit dem Leitungsteam, dem Cindy und ich angehört hatten. Ich muß in meiner Darstellung sehr überzeugend gewirkt haben, denn alle unsere gemeinsamen Freunde übernahmen meine Sichtweise. Sie schätzten mich sogar noch höher, weil ich so eine treue Freundin für eine so schwierige Person war. Genauso sah ich selbst die Situation. Immer wieder griff ich zu Gerüchten und Verleumdungen, um mich der Solidarität meiner Freunde zu versichern.

„Wähle die Demut"

Aber als ich eine Woche nach diesem Anruf wirklich einmal vor Gott zur Ruhe kam, wußte ich, daß Cindy recht hatte. In dieser Zeit schrieb ich in mein Tagebuch den Vers aus Sprüche 22,4: „Der Lohn für Demut und Gottesfurcht ist Reichtum, Ehre und Leben" (EÜ). Durch diesen Text sprach Gott zu mir und forderte mich auf, den Weg der Demut zu wählen. Er warnte mich, daß mein Stolz mich in große Gefahr brächte. Er versprach mir aber auch, mich zu segnen, wenn ich mich demütigen würde.

Schließlich begann ich, meine Verwirrung anzuerkennen und meine Sünden zu bekennen. Ich bat Gott um Einsicht und Reinigung. Ohne meine Situation voll zu verstehen, spürte ich doch, daß ich mich in einer großen psychischen und geistlichen Gefahr befand. Glücklicherweise hatte ich lange genug mit Gott gelebt, um zu wissen, daß ich mit seinem Eingreifen rechnen konnte.

Bei einem Besuch in meiner Heimatstadt suchte ich die Person auf, von der ich dachte, daß sie mir helfen könnte. Sie war aber dazu nicht in der Lage. So kämpfte ich weiter alleine vor dem Herrn. Schließlich bekam ich einen Brief von Cindy. Sie schrieb mir, sie müßte um ihrer eigenen Sicherheit willen die Freundschaft für unbestimmte Zeit abbrechen. Sie bat mich, in keiner Weise mehr mit ihr zu kommunizieren.

Meine Reaktion auf Cindys Brief bestand in Selbstmitleid und Enttäuschung: meine anfängliche Umkehr hatte die Beziehung nicht „repariert". Später machte mich die neugewonnene Einsicht demütig, daß selbst meine Umkehr wenigstens teilweise ein Versuch war, Cindy und auch Gott zu manipulieren, um die Freundschaft zu behalten. Ich klammerte mich an Cindy – oder an meine Vorstellung von ihr –, als ob ich ohne sie nicht leben könnte.

Tröstliche Ermahnung

Fast verzweifelt packte ich meine Bibel, mein Gebetstagebuch und meine Gitarre zusammen und kehrte nach Chicago zurück, um den Sommer über bei einer Obdachlosenstation mitzuarbeiten. Ich kannte dort niemand und fühlte mich verletzlich und einsam. Den Tag verbrachte ich in der Suppenküche unter den Obdachlosen, von denen die meisten psychisch krank waren. Die Arbeit unter ihnen eröffnete mir ironischerweise eine gesunde Außenperspektive, denn sie half mir, trotz meiner inneren Qualen von mir selbst wegzusehen.

An den Abenden und Wochenenden schrie ich von ganzem Herzen zu Gott. Ich fing an, intensiv die Bibel zu lesen, Gott anzubeten und auf seine Stimme zu hören. Dadurch gab er mir die konkreten Einsichten, die ich brauchte.

Indem ich die Bibel unter Gebet las, begann ich die Prinzipien zu verstehen, die meiner Erfahrung mit Übertragung zugrunde lagen. Den Begriff selbst kannte ich damals allerdings noch nicht.[1)] So erkannte ich beispielsweise anhand der Lehre der Schrift zum Thema Götzendienst, daß ich Cindy zu einem Abgott gemacht hatte und mich davon lossagen mußte. Ebenso ermahnte mich Gottes Wort, die Verantwortung für meine eigene Sünde zu übernehmen und seine Vergebung zu suchen. Und in Jesajas Trostworten fand ich die Versicherung, daß der Herr darauf wartete, mein Leid in sich hineinzunehmen.[2)]

Ich fing an zu verstehen, daß die Schmerzen, die ich erlebte, nichts mit Cindy zu tun hatten, und daß mein zwanghaftes Nachdenken und Beten für sie aufhören mußte. Das erwies sich als äußerst schwierig. An manchen Tagen hatte ich dabei mehr Erfolg, an anderen weniger.

Aber meine Gespräche mit den psychisch Kranken in der Obdachlosenunterkunft verliehen mir eine unerwartete Motivation, meine ungesunden Gedankenmuster zu überwinden. Es war erstaunlich – und erschreckend – zu erkennen, wieviele dieser Menschen in ähnlichen Zwangsvorstellungen steckten. Manchmal fühlte ich mich ihnen richtiggehend verwandt!

Ein Mann und sein Pferd

Durch einen Mann wurde mir diese Realität ganz besonders deutlich vor Augen geführt. Es war ein Afroamerikaner mittleren Alters, der sein Leben schon seit mehreren Jahren auf der Straße und in Obdachlosenheimen verbrachte. Er fiel mir unter all den anderen obdachlosen Männern aus mehreren Gründen auf. Zum einen überragte er die anderen mit seinen zwei Metern Körpergröße beträchtlich. Er unternahm zudem besondere Anstrengungen, um sein Äußeres ansehnlich zu machen, indem er sich jeden Tag rasierte und einen Anzug mit Krawatte trug. Nachdem alle seine Anzüge aus Altkleidersammlungen stammten, paßten sie ihm aber nie so recht und waren außerdem von altmodischem Schnitt. Meistens waren seine Ärmel und Hosenbeine zehn Zentimeter zu kurz.

Außer durch sein Aussehen unterschied er sich auch durch sein Verhalten von den anderen. Er war Einzelgänger; oftmals stand er abseits und murmelte vor sich hin. Es sah so aus, als ob er mit einer eingebildeten Person Gespräche führte. Dabei gestikulierte er demonstrativ mit seinen Händen. Ab und zu wurde er auch auf sein Gegenüber zornig oder fing an zu lachen. Bei den Mitarbeitern der Unterkunft stand er in dem Ruf, sanft und extrem schüchtern zu sein.

Nachdem ich ihn eine Woche lang beobachtet hatte, ging ich zu ihm hinüber und fragte ihn nach seinem Namen. Er schien einem Gespräch abgeneigt zu sein und wollte mir seinen Namen nicht sagen. Ich akzeptierte seine Signale und ging zurück, um den Abwasch zu machen.

Später, als ich Kaffee und Donuts austeilte, kam er auf mich zu und rief mich bei meinem Namen: „Hi, Valerie! Ich heiße Will Rogers und das ist mein Pferd!“ Dabei wies er auf seinen unsichtbaren Begleiter. „Er mag keinen Kaffee, aber für einen oder zwei Donuts ist er wohl dankbar.“

Lachend spielte ich das Spiel mit und gab ihm vier Donuts. Er dankte mir und dabei öffnete sich sein Mund zu einem so außergewöhnlichen Lächeln, daß sein ganzer Körper zu strahlen schien. Später sah ich ihn alleine an einem Tisch. Er tat so, als ob er mit einem imaginären Revolver seinen Stapel Donuts erschoß; dann bot er sie seinem Pferd an. Schließlich zuckte er mit den Schultern, schüttelte seinen Kopf und aß die Donuts selbst. Später fand ich heraus, daß „Will“ einen echten Namen hatte, nämlich Lee.

Nach diesem Abend unternahm ich mehrere Versuche, mit Lee ins Gespräch zu kommen. Im Lauf mehrerer Wochen erzählte er mir einen großen Teil seiner Lebensgeschichte, und ich erzählte ihm etwas von mir. Bald erfuhr ich, daß Lee Gott liebhatte und sein Bestes tat, um in seiner irrealen Welt von Cowboys und Indianern mit ihm in Beziehung zu treten.

In einem unserer Gespräche, bei dem ich mir besonders leid tat und recht wütend auf Cindy war, erzählte ich Lee von meinen Problemen. Er schaute mich mit viel Sympathie in den Augen an, schüttelte entsetzt den Kopf und meinte: „Valerie, ich weiß, was du durchmachst. Meine Freunde machen das gleiche mit mir!"

Dann verfiel er in einen langen Monolog über seine fehlgeschlagenen Beziehungen. Am Ende unserer Unterhaltung sah ich glasklar, daß die pervertierten Gedanken über Cindy, denen ich in mir Raum gab, seiner geistigen Behinderung nur allzu ähnlich war. Ich merkte auch, wie ernst die Konsequenzen sein konnten, wenn ich es nicht schaffen würde, mich zur Realität der Situation durchzuringen. Jesus benutzte diesen kostbaren, bedauernswerten Mann, um meiner Motivation neue Nahrung zu geben. So schrie ich mit meinem ganzen Herzen zu Gott, um die Heilung zu bekommen, die ich brauchte.

Heilung erfordert Disziplin

Ein paar Wochen später erhielt ich in jenem Sommer einen äußerst hilfreichen Brief von einer leitenden Frau in Cindys Gemeinde, die wir beide sehr respektierten. Ihre Worte waren deutlich, aber freundlich; sie verwies mich schlicht auf Jesus als den einzigen, der meine Seele wiederherstellen könne. Sie sympathisierte nicht mit meiner Sünde und versuchte auch nicht, mein Problem psychologisch zu erklären.

Durch diesen Brief wußte ich, daß Cindy die Unterstützung ihrer Gemeindeleitung hatte, und daß diese Leute hinter ihr stehen würden, wenn ich versuchen sollte, sie gegen ihren Willen zu kontaktieren. Die Autorität der ganzen Gemeinde schützte die Grenzen, die sie zwischen uns aufgerichtet hatte. Diese Grenzen halfen mir, meine Aufmerksamkeit von ihr auf die tieferen Probleme zu richten, denen ich mich stellen mußte.

Immer wieder unterstellte ich meine Gedanken Gott im Gebet und bat ihn, mein Denken mit seiner Wahrheit und seinem Frieden zu erfüllen. Meine geistigen Gewohnheiten wurden bald wieder normal, auch wenn ich mich emotional nicht besser fühlte. Genaugenommen schien der Schritt, meine Gedanken unter Kontrolle zu bekommen, die emotionale und körperliche Kraftlosigkeit nur noch zu intensivieren. Später verstand ich, daß diese zwanghaften Gedanken einen Abwehrmechanismus darstellten, eine Ablenkung von den eigentlichen Schmerzen, die in meiner Seele und in meinem Körper aufstiegen. Als ich meine Gedanken unter Kontrolle bekam, indem ich sie Gott unterstellte, wurde dieser Mechanismus wirkungslos.

Ich verlor nun jeden Appetit und fühlte mich immer leicht übel. In diesem Sommer verlor ich etwa 14 Kilo an Gewicht, die ich zum großen Teil in den vorangegangenen zwölf Monaten während meiner leichten Depression zugelegt hatte. Es dauerte volle eineinhalb Jahre, bis mein Appetit wieder normal wurde. Ich spürte zugleich eine große körperliche Anspannung, vor allem im unteren Rückenbereich, den Hüften, den Schultern und dem Kiefer. Obwohl es immer wieder Momente gab, in denen ich eine Linderung dieser Phänomene spürte, waren die Probleme doch ziemlich konstant und kehrten regelmäßig wieder.

An manchen Tagen kam in meiner Stillen Zeit vor Gott ein unerträgliches Maß emotionaler Schmerzen hoch. Ich erinnere mich, daß ich Gott fragte: „Herr, ist schon jemand an so etwas gestorben?“ Wenn die Schmerzen hochkamen, stand ich in der Versuchung, zu meinen alten Zwangsvorstellungen zurückzukehren, statt mich mit den Schmerzen auseinanderzusetzen. Aber auch hier war es mir, als ob ich eine Entscheidung zu treffen hätte: „Was wirst du mit deiner Sünde und deinem Schmerz machen?“

Wenn ich mich entschied, aufrichtig vor Gott zu leiden und dabei nur auf Jesus zu schauen, der am Kreuz meine Sünde und meinen Schmerz trug, dann stellte ich fest, daß er diese innere Qual von mir weg in sich hinein aufnahm. Manchmal hatte ich eine geradezu sinnenhafte Erfahrung der Gegenwart Gottes und spürte, wie er mich in seinen warmen, liebevollen Armen hielt und dabei Wiegenlieder sang.

In der Wahrheit stehen

In meinen Gebetszeiten begannen alle möglichen Arten krankhafter Gedanken, Gefühle und Bilder aus dem Unbewußten in mein Bewußtsein gespült zu werden. Ich schrieb alle diese Gedanken und Gefühle auf und hörte dabei innerlich auf Gott, damit er mir durch die Schrift objektive Wahrheit zusprechen konnte.

Und dann stellte ich mich mit ganzer Kraft auf die Wahrheit, die ich hörte.

Manchmal aber war ich nicht in der Lage, das Falsche auszusortieren und in der Wahrheit zu stehen. In jenen Momenten empfand ich eine Art dunkler Gegenwart bei mir, die mich unbedingt dazu bringen wollte, alle diese Unwahrheiten über mich, über andere und über Gott zu akzeptieren. Meine Gedanken beschäftigten sich dann nur noch mit üblen Vorwürfen, besonders gegen Cindy.

Ich war mir sicher, daß ich bis zu einem gewissen Grad dämonisiert war bzw. unter schwerer geistlicher Bedrückung litt, und so flehte ich Gott an, mir zu helfen, diesen Kampf zu gewinnen. Als Antwort auf meine Gebete erhielt ich zwei wichtige Einsichten. Die erste war die kristallklare Erkenntnis, daß diese Bedrükkung teilweise deshalb zustande gekommen war, weil ich Cindy in meinem Herzen zu einem Abgott gemacht hatte. Diese Vergötterung Cindys war schon früh in unserer Beziehung aufgetreten. Ich hatte nicht nur ihr geistliches Leben und ihre Tugenden idealisiert, sondern ich erwartete fälschlicherweise auch von ihr, meine tiefen emotionalen Bedürfnisse zu stillen – und so etwas kann nur Gott selbst.

Diese sündhafte Form der Beziehung zu Cindy hatte die Tür für eine dämonische Bedrückung geöffnet.[3)] Das fand seinen Ausdruck in einer Infiltration meiner Gedanken (Vorwürfe und Verleumdungen gegenüber Cindy) und einer Intensivierung meiner Gefühlsverwirrung. In dem Maß, wie sich dämonische Desinformation mit meinen eigenen krankhaften Gefühlen mischte, entstand in meiner Vorstellung ein völlig verzerrtes Bild von Cindy. Meine Wahrnehmung von ihr entfernte sich immer weiter von der Realität. Als ich erkannte, was da ablief, wußte ich, daß ich mich von den Götzen meines Herzens lossagen mußte. Ich mußte mich sogar namentlich von dem Götzen „Cindy" lossagen.

Die zweite Einsicht war, daß ich, um von dieser Bedrückung frei zu werden, meine Sünden beim Namen zu nennen hatte und umkehren mußte. Obwohl ich Cindy als Freundin wirklich liebte, spürte ich zugleich auch eine intensive Bösartigkeit ihr gegenüber. Ich fing an zu verstehen, wie ich mich an ihr versündigt hatte: Ich hatte mich entschieden, meiner irrationalen Sichtweise und den dämonischen Lügen Glauben zu schenken; und ich hatte das auch anderen gegenüber durch Gerüchte und Verleumdungen zum Ausdruck gebracht.

Als ich zudem Cindy zwang, meine falschen Anklagen anzuhören, und forderte, sie müsse sich „ihrem Teil des Problems" stellen, da verlangte ich von ihr nichts weniger, als daß sie dieselben Lügen glauben sollte, die ich geglaubt hatte. Außerdem hatte ich die Leute in meiner Umgebung getäuscht, indem ich meine fleischliche Wut unter der Maske des Opfers versteckt hatte. Dadurch hatte ich sie in meine Sünde mit hineingezogen.

Hätte ich diesen Kampf um die Wahrheit verloren, indem ich den Lügen und Verdrehungen Glauben geschenkt hätte, mit denen mein Denken bombardiert wurde, so wäre ich immer tiefer in eine geistige Krankheit hineingerutscht. Ich hätte wahrscheinlich meinen Glauben verloren und damit jede Hoffnung, die Person zu werden, zu der mich Gott erschaffen hatte. Und ich wäre unfähig gewesen, in all das hinein zu kommen, was Gott mir zu tun gegeben hat.

Am Ende dieses Sommers war ich mir der Liebe Gottes sicherer als je zuvor – und zugleich war ich mir meiner Fähigkeit zur Sünde und zum Bösen schrecklich bewußt. Mehrere Monate lang hatte ich Angst davor, irgend jemand zu nahe zu kommen, weil ich mich als Freundin für eine Gefahr hielt.

Eine der ungewöhnlichsten Folgen jenes intensiven Sommers war eine Veränderung meines Aussehens. Ein paar Tage nach meiner Rückkehr nach Wheaton zu Beginn des neuen Semesters wurde das Jahrgangsfoto gemacht. Als das fertige Bild mit der Post kam, dachte ich zuerst, man hätte mir versehentlich das Bild von jemand anderem geschickt. Die femininen Züge, die ich in diesem Bild sah, schockierten mich.

Ein paar Wochen nach dem Beginn des Herbstsemesters erlebte ich eine weitere Überraschung – es kam ein Anruf von Cindy. In dem Glauben, unsere Freundschaft nachhaltig zerstört zu haben, hatte ich jede Hoffnung aufgegeben, jemals wieder mit ihr zu sprechen. Bei diesem ersten Anruf war ich sehr zurückhaltend und sprach nicht über das, was geschehen war, aus Angst, wieder in die alten Gedankenmuster zurückzufallen. Statt dessen sagte ich ihr einfach, daß ich mich unzählige Male an ihr versündigt hätte; manches davon könnte ich gar nicht zum Ausdruck bringen, selbst wenn ich es versuchen würde. Sie war voll und ganz bereit, mir zu vergeben. Über mehrere Jahre hinweg wurde das gegenseitige Vertrauen wiederhergestellt und so das Geschenk unserer Freundschaft bewahrt.

Objektiv werden

Inzwischen verstehe ich, daß ich über diesen Zeitraum von achtzehn Monaten eine Übertragung erlebt habe, die mit den Mangelerscheinungen meiner frühen Kindheit zu tun hatte. Obwohl ich gelegentlich die alte Angst noch spüre, die ich als frühkindliche Trennungsangst einzuordnen gelernt habe, habe ich sie nie mehr mit der gleichen Intensität erlebt. Gedanken und Gefühle, die in einer frühkindlichen Trennungsangst wurzeln und dann auf andere projiziert oder übertragen werden, haben einen eigenen Charakter und sind so leichter zu identifizieren. Dafür bin ich Gott zutiefst dankbar.

Ich habe es auch gelernt, für meine Übertragung auf andere zu beten. Jedesmal, wenn ich vermute, daß ich etwas auf andere projiziere, bringe ich die Situation im Gebet zu Gott. Zuerst bitte ich ihn um seine Hilfe, um präzise benennen zu können, was ich fühle. Dann bitte ich ihn um Einsicht, warum ich die gegenwärtige Situation mit Elementen aus meiner Vergangenheit verknüpft habe. Ich habe es auch als hilfreich erlebt, die Sache mit einem vertrauenswürdigen Christen durchzusprechen und durchzubeten.

Diese disziplinierte Übung, Objektivität in meine Emotionen zu bringen, statt mich ihnen einfach nur zu überlassen, war entscheidend wichtig, um die destruktiven Muster der Übertragung zu brechen. Ich kann jetzt meine Gefühle als das sehen und bearbeiten, was sie sind – Gefühle aus der Vergangenheit – und dabei objektiv bleiben.

Ich bin jetzt in der Lage, Menschen heute so zu erkennen, wie sie wirklich sind, statt sie durch die verzerrende Linse meiner Vergangenheit zu sehen. Meine falschen Gefühle, egal ob positiv oder negativ, ändern oder verflüchtigen sich schließlich, wenn meine Beziehung zum anderen sich vertieft. Die wachsende Erkenntnis, wer der andere wirklich ist, ersetzt alle verzerrten Vorstellungen in meinem Denken. So entsteht Vertrauen.

Ich habe auch festgestellt, daß die Anerkennung der Tatsache, daß bei mir selbst eine Übertragung vorliegt, zu einer Brücke werden kann, die es mir erlaubt, mit ansonsten unzugänglichen Regionen meiner Seele in Berührung zu kommen. Das Ergebnis ist eine tiefere Erfahrung der verwandelnden Gnade und Liebe Gottes.

Es hat mich fast acht Jahre gekostet, um völlig zu verstehen, was in dieser Zeit, die ich gerade beschrieben habe, eigentlich passiert ist. Was ich erlebt habe, war ein klassisches Beispiel für eine Übertragung, die mit meiner frühen Mutterbeziehung zu tun hatte. Im Folgenden wenden wir uns einer Definition dieses Phänomens zu.

Kapitel 2

Übertragung – eine Definition

Die Schriften des britischen Psychiaters Dr. Frank Lake (1914-1982) haben mir geholfen, das Phänomen der Übertragung im Kontext der Gemeinde verstehen zu lernen. Lake hat sehr viel mit Patienten gearbeitet, deren Geisteskrankheiten mit Deprivation oder Traumata bei der Geburt bzw. in der frühen Kindheit zu tun hatten. Seine ausgedehnte Lehrtätigkeit half anglikanischen Geistlichen einerseits, sich seelsorgerlich um diese Probleme zu kümmern, und andererseits, für tiefe Wunden in ihrer eigenen Seele Heilung zu finden.[1)]

Wahrnehmungsverschiebung

Dr. Lake kommt zu der Schlußfolgerung, daß Übertragung in einem pastoral-seelsorgerlichen Umfeld unvermeidlich ist, ob in der Kirche oder in anderen Bereichen des geistlichen Dienstes. Er schreibt: „Wir dürfen nicht die unvermeidliche menschlich-geistliche Tatsache der Übertragung verachten. Sie entsteht überall dort, wo menschliche Not auf menschliche Freundlichkeit trifft."[2)] Kurz gesagt werden diejenigen, die einen wirksamen geistlichen Dienst tun, mit großer Wahrscheinlichkeit zu Objekten von Übertragung. Dr. Lake verschreibt kein Heilmittel für dieses Dilemma; er fordert seine Leser vielmehr auf, es als Realität zu akzeptieren und zu lernen, wie man weise damit umgeht.

Als Christ und Psychiater stellt er die zum Verständnis von Übertragung relevanten psychologischen Begriffe meisterhaft dar und setzt sie in Bezug zur Schrift. Er erklärt nicht nur den

Begriff der Übertragung, sondern auch andere, wie etwa *Verdrängung* oder *Projektion*, die mit seiner Sichtweise von Auswirkungen frühkindlicher Traumata auf das Leben des Erwachsenen zu tun haben. Für unsere Zwecke möchte ich sie hier kurz darstellen.

Der Begriff „Übertragung“ wurde zum ersten Mal am Anfang des zwanzigsten Jahrhunderts definiert, als die ersten Psychoanalytiker wie Sigmund Freud in ihrer Arbeit mit Klienten ein bestimmtes Verhaltensmuster beobachteten. Hatte der Therapeut eine Vertrauensbeziehung zu seinem Klienten aufgebaut, dann kamen die ungelösten Probleme aus der Herkunftsfamilie des Klienten klarer in den Blick, da er sie zunehmend auf die therapeutische Beziehung verlagerte. Wenn seine Gefühle, Gedanken und Erinnerungen aus der Kindheit in der Gegenwart hochkamen, dann verschob sich plötzlich die Wahrnehmung, die der Klient von seinem Therapeuten hatte. Er verhielt sich ihm gegenüber nun so, als ob er eine Person aus seiner Vergangenheit wäre. Der Therapeut half dann dem Klienten, diese verzerrte Wahrnehmung zu verstehen, um dadurch Einsichten in seine Vergangenheit zu bekommen, die schmerzhaften Erinnerungen zu verarbeiten und in seiner Beziehungsfähigkeit zu wachsen.

In neuerer Zeit wurde dieses Phänomen der Übertragung von der *Baker Encyclopedia of Psychology* folgendermaßen definiert:

> Der Begriff bedeutet im wörtlichen Sinn, Information oder Inhalte von einer Person, einem Ort oder einer Situation auf eine(n) andere(n) zu übertragen. Der psychologische Gebrauch bringt eine besondere Art von Beziehung zu einer anderen Person zum Ausdruck. Das normale Verhaltensmuster stellt sich in der Weise dar, daß eine Person in der Gegenwart so erlebt wird, als ob sie eine Person aus der Vergangenheit wäre. So ist die Übertragung, zumindest in psychoanalytischer Sichtweise, im Grunde die Wiederholung einer alten Objektbeziehung, in der Haltungen und Gefühle, positive wie negative, die zu einer früheren Beziehung gehören, auf eine neue Person in der Gegenwart verlagert wurden. Anders gesagt: Ein Modus der Wahrnehmung und Reaktion gegenüber der Welt, der in der Kindheit entwickelt wurde und dort angemessen war, wird in unangemessener Weise in den Kontext des Erwachsenen übertragen.[3)]

Wenn sie in rechter Weise aufgelöst wird, ist die Übertragung für den Klienten produktiv. So halten sie einige psychologische Schulen für ein wichtiges therapeutisches Werkzeug.

Gefühle begraben

„Verdrängung" ist ein weiterer allgemein akzeptierter psychologischer Begriff. Therapeuten beschreiben damit die inneren Mechanismen, die unerwünschte, schmerzhafte oder sonstwie schwierige Gedanken, Gefühle oder Erinnerungen daran hindern, die normale emotionale Kapazität einer Person zu überfordern. Psychologen halten diese Mechanismen für unbewußt; sie werden also nicht absichtlich eingesetzt. Die *Baker Encyclopedia of Psychology* definiert Verdrängung folgendermaßen:

> Der Prozeß, durch den angsteinflößende Vorstellungen oder Impulse der bewußten Wahrnehmung entzogen oder von ihr ferngehalten werden. In einer Reihe theoretischer Ansätze wird sie als der fundamentale Abwehrmechanismus gesehen; sie bildet nach Freud die Grundlage, auf der die meisten anderen Abwehrmechanismen aufbauen. Obwohl sich die Person des verdrängten Materials oder des Prozesses der Verdrängung nicht bewußt ist, beeinflußt dieses Material doch weiterhin das Verhalten.[4)]

Ein gewisses Maß an Verdrängung wird für normal und notwendig gehalten, um mit den unvermeidlichen Schwierigkeiten des Lebens zurechtzukommen. So wird beispielsweise ein kleines Kind, dessen Vater oder Mutter frühzeitig gestorben ist, sich eine erwartungs- und hoffnungsvolle Perspektive zulegen, indem es die Gefühle von Verlassenheit, Unsicherheit und Angst verdrängt. Die schmerzhaften Gefühle sind immer noch vorhanden, aber sie liegen unter der Oberfläche des Bewußtseins. Später im Leben kann dann starker Streß, etwa der Verlust einer nahestehenden Person, diese verdrängten Gefühle wieder auftauchen lassen. Aber bis dahin ermöglicht die Fähigkeit zur Verdrängung dieser Emotionen dem Betreffenden, sein Leben zu meistern.

Verdrängung hilft uns auch, mit den komplexen Verhältnissen unserer Geschöpflichkeit zurechtzukommen. Unsere Gedanken, Sinneswahrnehmungen, Erinnerungen, Emotionen sowie andere Formen von Wahrnehmung der Realität übertreffen bei weitem unsere Fähigkeit, sie zu erleben. Weil wir als endliche Wesen nicht für alles in jedem Moment offen sein können, verdrängen wir einen Teil unserer Wahrnehmung und konzentrieren uns auf das, was unmittelbar vor uns liegt. In dieser Hinsicht ist Verdrängung sogar um unserer geistigen Gesundheit willen notwendig.

Aber dieser Mechanismus kann bei manchen Menschen so überentwickelt sein, daß sie nicht mehr normal funktionieren. Es werden komplette Facetten ihres Menschseins verdrängt, etwa die Emotionen, die Sexualität, das intellektuelle Leben usw. Solche Menschen erleben tiefe Frustrationen, insbesondere, wenn sie von ihren Gefühlen abgeschnitten sind. Sie tun sich schwer damit, Liebe auszudrücken oder überhaupt zu wissen, ob sie für jemand anderen Liebe empfinden.

Solche Leute können unfähig sein, ihren Zorn zum Ausdruck zu bringen, auch wenn es notwendig und angebracht wäre. Statt dessen rühmen sie sich vielleicht sogar, nie einen Gedanken der Wut gehabt zu haben – während in Wirklichkeit ein hohes Maß an bösartiger Aggression verdrängt unter der Oberfläche ihres Herzens schlummert.

Wenn solche Menschen mit verdrängten Gefühlen in der Nachfolge Jesu stehen, dann bereitet ihnen die gemeinsame Anbetung mit anderen vielleicht sogar Schmerzen, weil sie selbst keine Freude oder Dankbarkeit empfinden, die sie zur Anbetung inspirieren könnten.

Verdrängte Emotionen hindern Christen auch daran, nach ihrem Christwerden weitere geistliche Schritte zu unternehmen. So bleibt ihr geistliches Leben oberflächlich. Sie können mit Gott nicht in ein Gespräch über die Tiefen ihres Herzens eintreten, weil sie dazu überhaupt keinen Zugang haben. Und was das Wichtigste ist: Sie sind nicht in der Lage, sündhafte Haltungen und Reaktionen zu überwinden, einfach weil sie sich ihrer nicht bewußt sind. Nach meiner Erfahrung leiden Menschen mit einer Übertragung im allgemeinen an solch einer übermäßigen Verdrängung.

Projektion verstehen

Ein weiteres häufig vorkommendes Element bei Übertragungen ist die *Projektion*. Wenn wir einmal verstehen, wie Projektion im Zusammenhang einer Übertragung wirkt, dann verstehen wir auch, warum Menschen, die Subjekte von Übertragungen sind, eine solch stark verzerrte Wahrnehmung von den Objekten ihrer Übertragung haben.

Der Gebrauch des Wortes Projektion in der Psychologie ähnelt dem in anderen Bereichen. In der Fotografie etwa meint Projektion die Technik, mit der Diabilder durch den Einsatz von Licht und Linsen vergrößert und auf eine leere Leinwand geworfen werden. Einzelheiten des Bildes, die für das bloße Auge auf dem Dia zu winzig sind, werden scharf und mit allen Details auf der Leinwand dargestellt.

In der Psychologie wird Projektion definiert als:

> Der unbewußte Prozeß, durch den ein Einzelner einem anderen die Wünsche, Impulse oder Vorstellungen zuschreibt, die er an sich selbst unannehmbar findet. Dieser Abwehrmechanismus des Ichs erlaubt es dem Betreffenden, alle innerlich bedrohlichen oder konflikthaft unerwünschten Dinge wie Instinkte oder deren Ausprägungen bzw. Folgeerscheinungen zu einem Bestandteil eines äußeren Objekts oder einer Person zu machen. Der Konflikt hinsichtlich des projizierten Problems kann dann als Angriff von außen behandelt werden, statt als ein für das Ich weitaus bedrohlicherer innerer Kampf.[5)]

In der normalen menschlichen Entwicklung durchlaufen Säuglinge einen Prozeß, in dem sie lernen, ihre Emotionen von denen der Eltern, insbesondere der Mutter, zu unterscheiden. Am Anfang macht sich das Baby einfach die Emotionen seiner Mutter zu eigen. Wenn also die Mutter ängstlich ist, empfindet auch das Baby Angst usw.

Säuglinge machen dabei die Mutter für alle Schmerzen verantwortlich, die sie empfinden, egal ob groß oder klein. So kann ein Baby beispielsweise auf seine Mutter zornig sein, wenn es körperliche Schmerzen spürt. In vergleichbarer Weise sehen Babys in ihrer Mutter die Quelle aller guten und lustvollen Empfindungen. Wenn eine Mutter mit Verständnis, Vergewisserung, Einfühlungsvermögen, Trost und sogar Humor auf die Emotionen ihres Kindes reagiert, „trinkt“ das Baby richtiggehend ihre Objektivität im Hinblick auf seine Gefühle und Erfahrungen in sich hinein. Ihr Gottvertrauen und ihre Zuversicht, daß alles gut werden wird, sinken tief in seine Seele hinein.

Schon in dieser Phase, also noch bevor sie sprechen können, beginnen Kinder den Unterschied zwischen der Realität und ihren Gefühlen, zwischen der Mutter und sich selbst, zwischen den eigenen Gefühlen und denen der Mutter zu erkennen. Auch wenn die Mutter (oder eine Ersatzperson) Unzulänglichkeiten aufweist, wird sie vom Kind als „gut genug" wahrgenommen (im Unterschied zu „durch-und-durch-gut" oder „durch-und-durch-schlecht"). Wenn dieses Fundament gelegt ist, ist das Kind in der Lage, Beziehungen zu anderen Menschen einzugehen und in der Welt zurechtzukommen.

Abspaltung, Projektion, Flucht

So wie Säuglinge ihre Emotionen auf eine „leere Leinwand" projizieren, projizieren Erwachsene, die das Subjekt einer Übertragung sind, ihre Emotionen auf eine Person, die dadurch zum *Objekt* der Übertragung wird. Gewöhnlich ist dieses Objekt eine Person, aber es kann auch ein Gegenstand sein, ein Körperteil, eine Organisation oder eine Familie.

Wer in Übertragung lebt, spaltet seine schmerzhaften Gefühle ab, statt sich ihnen zu stellen, und projiziert sie auf andere. Wie Säuglinge, die sich schwer tun, ihre eigenen Gefühle von denen der Mutter zu unterscheiden, so kann auch ein Subjekt von Übertragung fälschlicherweise annehmen, daß das Objekt die Gefühle erlebt, die eigentlich seine eigenen sind.

Frank Lake schreibt über die Weise, wie ein Mensch in Übertragung seine eigenen Gefühle fälschlicherweise jemand anderem zuschreibt:

> Jeder Pfarrer muß bewußt darauf achten, wenn jemand, der bei ihm Hilfe sucht, von ihm erwartet, zornig zu sein, wenn er es nicht ist, ein Gemeindemitglied besonders zu schätzen, wenn er gar nicht so empfindet, kritisch zu sein, wenn er etwas schätzt, ungeduldig, wenn er keine Ungeduld spürt. Es ist entscheidend wichtig, dies als Bestandteile eines Übertragungprozesses zu erkennen. Das muß dem Patienten in einfacher Weise rückgemeldet werden, etwa durch eine Bemerkung wie: „Aber ich empfinde das überhaupt nicht so. Ihre Gefühle in bezug auf mich stammen woanders her." [6)]

Die Beschäftigung mit den Gefühlen anderer dient auch dazu, die eigenen Erinnerungen und Schmerzen verdrängt zu halten. Wer in Übertragung lebt, hat keine Energie mehr übrig, sich dem zu stellen, was an verletzendem Material an die Oberfläche kommen mag. Er flieht vor der schmerzhaften Realität des eigenen Leidens. So bietet Projektion ein illusionäres, vorübergehendes Gefühl des Wohlbefindens, weil schmerzhafte Emotionen auf eine andere Person übertragen werden.[7)]

In ähnlicher Weise kann die eigene unerkannte Sünde bzw. das Böse auf das Objekt einer Übertragung projiziert werden und so zu falschen Beschuldigungen führen. Weil auch dieses Objekt natürlich ein fehlerhaftes menschliches Wesen ist, haben diese Vorwürfe in den meisten Fällen einen gewissen Anhaltspunkt an der Wirklichkeit. Aber die Intensität, mit der sie wahrgenommen werden, ist weit von jeder Realität entfernt.

Bei der Übertragung dient die Projektion noch einem weiteren Zweck: Mit ihr versuchen manche, ihren Emotionen einen Sinn zu geben. So projiziert beispielsweise jemand seine Depression auf seine Freundin und bildet sich ein, sie sei deprimiert, wenn sie es gar nicht ist. Dann fixiert er sich darauf herauszufinden, warum sie depressiv ist. Wie ein Amateurpsychologe versucht er, den Grund für ihre Depression zu entdecken, indem er ihr Verhalten auf Zeichen von Depression hin untersucht und sie mit Fragen über ihre Kindheit ausforscht.

In einem solchen Fall versucht der Betreffende in Wirklichkeit unbewußt, seine eigene Depression zu verstehen, indem er sie von sich weg auf seine Freundin projiziert. Die Schwierigkeit dabei ist natürlich, daß er nicht nur seine Freundin falsch wahrnimmt (und dadurch eine störende Unwirklichkeit in die Beziehung bringt), sondern daß er auch dem Verständnis seiner eigenen Depression keinen Schritt näher kommt. Oftmals sind Menschen, die auf andere projizieren, nur schwer in der Lage, ihre Gefühle von denen anderer zu unterscheiden, ganz ähnlich wie es Säuglingen oder Kleinkindern mit ihrer Mutter geht.

Diese Dynamik wird besonders destruktiv, wenn die projizierte Emotion flüchtig ist, wie rasender Zorn oder sexuelle Lust. Das gilt umso mehr, wenn das Objekt ein christlicher Leiter ist. In solchen Fällen kommen die moralischen Qualitäten des Leiters unter schweren Beschuß. Wenn Christen anfangen, einander anzuklagen, hat der „Verkläger der Brüder“ ein ideales

Umfeld für sein Wirken; er wird geistliche Täuschung und einen geistlichen Kampf herbeiführen.

Ideal statt real

Viele Übertragungen beginnen nicht mit irrationalen negativen Gefühlen jemand anderem gegenüber, sondern mit unerklärlich warmen und positiven Empfindungen. In unserer übersexualisierten Kultur werden positive Übertragungen oftmals zum Stoff, aus dem Romanzen entstehen. So interpretieren viele ihre positiven Gefühle jemand anderem gegenüber als sexuelle Attraktivität oder Verliebtheit.

Ein klassisches Beispiel dieses Phänomens wurde in der Psychologiespalte einer örtlichen Tageszeitung dargestellt. Eine Frau beschreibt ihre Gefühle gegenüber ihrem Arzt:

> Ich habe ein furchtbares Problem, für das ich Hilfe brauche. Mein Arzt ist so attraktiv für mich, daß ich immerzu daran denken muß, mit ihm ins Bett zu gehen. Er sieht gut aus, ist sanft, freundlich und macht mich wirklich heiß, obwohl er gar nicht zu merken scheint, wie er auf mich wirkt. Mein Mann und ich sind glücklich verheiratet, aber ich möchte wirklich eine Affäre mit diesem Arzt. Ich frage mich, ob ich dem Arzt von meinen Gefühlen erzählen und mich auf eine Affäre einlassen soll – oder würde er mich zu einem anderen Arzt überweisen?

Der Psychologe antwortete:

> Ich hoffe, er würde sie überweisen. Trotzdem schlage ich vor, daß Sie ihm ihre Gefühle noch nicht mitteilen.
> Patienten glauben manchmal, daß sie sich in ihren Arzt verliebt haben. Oder sie fühlen sich unwiderstehlich zu ihm hingezogen. Obwohl man das oft für normal und vorübergehend hält, ist es eine Fahrkarte in die Katastrophe.
> Die Eigenschaften, die mit der Rolle eines Arztes verbunden werden, lassen sich mit fürsorglich, einfühlsam, stark, allwissend und selbstlos beschreiben.
> Werden solche Eigenschaften empfunden, dann können sie tiefe Auswirkungen bei einer empfänglichen Person hervorrufen, die einen Partner mit solchen Eigenschaften braucht.

> Im psychologischen Jargon wird das „Übertragung" genannt; diese Attraktion kann sogar die therapeutische Wirkung der ärztlichen Behandlung verbessern – bis zu einem gewissen Punkt.
> Zwar ist es O.K., wenn Sie Ihren Arzt idealisieren, doch versuchen Sie nicht, ihn in Versuchung zu führen, sonst werden Sie die Beziehung zu ihm beschädigen.
> Statt dessen rate ich Ihnen, sich von einem kompetenten Fachmann Rat zu holen, etwa einem Psychologen oder einem ausgebildeten Sozialtherapeuten. Sie müssen an ihren sexuellen Gefühlen arbeiten – nicht sie ausleben.[8)]

Im Umfeld einer christlichen Gemeinschaft nehmen Übertragungen manchmal eine Form an, die der dieser Frau ihrem Arzt gegenüber entspricht. So kann eine Frau vielleicht glauben, sie sei in ihren unverheirateten Pastor verliebt. In solch einem Fall vergeistlicht sie dann ihre sexuellen Empfindungen und ist der Überzeugung, daß Gott ihn als ihren Ehepartner ausersehen hat. Im schlimmsten Fall macht sie ihrem Pastor – ob ledig oder verheiratet – sexuelle Angebote. In ähnlicher Weise kann ein Pfarrer, der in einer Übertragung einem weiblichen Gemeindemitglied gegenüber lebt, in eine Affäre geraten, wenn er seine sexuellen Empfindungen auslebt.

Häufiger allerdings äußert sich eine positive Übertragung in einer idealisierten Sicht des anderen, bei der keine offen sexuellen Untertöne mitschwingen. Auch wenn dies weniger brisant zu sein scheint, kann es schwieriger zu entdecken sein, insbesondere im Umfeld einer Gemeinde.

Scotts Geschichte

Ein Beispiel für diese Form der Idealisierung, die für einen Pfarrer fast immer überraschend kommt, ist die folgende Geschichte von Scott.[9)]

Aufwachsen und freiwerden

Scott stammte aus einer Familie, in der man nicht zur Kirche ging. Sein Vater war beim Militär und verhielt sich seinem Sohn gegenüber innerlich distanziert und kritisch. Seine Mutter gab ihr Bestes, um die häufigen und langen Zeiten der Abwesenheit ihres Mannes – in physischer und emotionaler Hinsicht – auszugleichen. Aber es fiel ihr extrem schwer, mit dieser herausfordernden Situation als Mutter zurechtzukommen; so war sie oft demonstrativ zornig und frustriert.

Als ältestes Kind fühlte sich Scott nicht nur dafür verantwortlich, der Mutter mit den jüngeren Kindern zu helfen, sondern auch ihre Einsamkeit und emotionale Erschöpfung zu lindern. Als Teenager hatte er wenig Zeit oder Energie für Freunde oder andere Interessen außerhalb seiner Familie. Und als es Zeit für das College wurde, schrieb er sich an der Universität vor Ort ein, um in der Nähe seiner Mutter sein und ihr helfen zu können.

Am College wurde Scott Christ und wuchs in einer christlichen Studentenarbeit im Glauben. Als er als Christ reifer wurde, merkte er, daß er einen gesunden Bruch mit seiner Familie brauchte. Mit solchen Gedanken übernahm er ungeachtet seiner Angst eine Lehrerstelle in einem mehrere hundert Kilometer entfernten Ort.

Eine idealisierte Wahrnehmung

Mehrere Monate mühte sich Scott darum, eine Gemeinde am Ort zu finden. Schließlich entschied er sich für eine, deren Pastor ein warmer, väterlicher Typ war und den Gemeindegliedern helfen wollte, einen Platz zu finden, an dem sie sich einbringen konnten. Anfangs sah Scott den Pastor als den liebevollsten, dynamischsten und christusähnlichsten Menschen, der ihm je begegnet war. Voller Zuversicht, eine ungewöhnlich gute Gemeinde gefunden zu haben, investierte sich Scott mit seiner ganzen jugendlichen Energie in das Gemeindeleben.

Das neue Gemeindeglied freute sich auf jedes Gespräch mit seinem Pastor und brachte ihm immer wieder seine Dankbarkeit und Bewunderung zum Ausdruck. Scott fühlte ihm gegenüber eine ungewöhnliche Nähe; das war etwas, was er sich von seinem Vater gewünscht, aber nur sehr selten erfahren hatte. Seine Gefühle beruhten zum einen Teil auf seiner herzlichen Beziehung, die er zum Pastor hatte, und zum anderen Teil auf dessen wirklich guten, vorbildlichen Eigenschaften.

Aber Scotts Wahrnehmung des Pastors wurzelte auch in den emotionalen Mängeln seiner Kindheit. Deshalb entwickelte er ein idealisiertes Bild von einer ersehnten Vaterfigur. Der Pastor konnte das natürlich nicht wissen und reagierte auf Scotts Begeisterung mit dem Angebot von Freundschaft und der Ermutigung, in der Jugendarbeit der Gemeinde eine aktive Rolle zu übernehmen.

Nach etwa zwei Jahren durchlebte Scott in der Schule, an der er Lehrer war, eine ungewöhnlich streßreiche Zeit, da die Verwaltung umgestellt wurde. Zugleich spürte er auch etwas wie Depression und ein allgemeines Gefühl von Unsicherheit und Angst. Die ungewisse Lage in der Schule brachte in ihm die ungelösten Probleme mit seinem Vater zum Vorschein, ohne daß ihm das bewußt war.

Vom Positiven zum Negativen

Scotts intensives, kindliches Bedürfnis nach väterlicher Liebe und Bestätigung war in diesen schwierigen Umständen noch intensiver geworden und richtete sich nun auf den Pastor. Er bat ihn ganz direkt um mehr Zeit und Aufmerksamkeit, sowohl für sich persönlich als auch für seine Arbeit in der Gemeinde. Zu anderen Zeiten benützte er subtile Formen von Manipulation, um seine Bedürfnisse zu stillen.

Zuerst glaubte der Pastor, er müsse Scott etwas zusätzliche Aufmerksamkeit zukommen lassen, um ihn in seinen schwierigen Arbeitsumständen zu unterstützen. Er nahm an, daß sich die Beziehung wieder normalisieren würde, wenn sich der Streß bei Scott legte. Aber selbst als sich die Situation in der Schule entspannte, wurden Scotts Erwartungen an den Pastor immer höher.

Bei ein paar Gelegenheiten kamen in ihren Gesprächen die zunehmende Ungeduld und der Frust des Pastors gegenüber Scott ans Licht. Zum Entsetzen des Pastors war Scott schockiert und verletzt, als er diese Emotionen wahrnahm. Der Mann konnte in seiner Übertragung nicht die normalen menschlichen Emotionen seines Pastors akzeptieren, weil sein Idealbild dafür keinen Raum ließ.

Schließlich fing der Pastor an, der Beziehung angemessene Grenzen zu setzen. Wie vorauszusehen war, interpretierte Scott diese Maßnahmen als persönliche Ablehnung und fing an, seine ganze Bitterkeit dem Vater gegenüber auf den Pastor zu projizieren. An diesem Punkt war die Übertragung dann nicht länger mehr positiv, sondern wandte sich zum Negativen.

Herausforderung und Reaktion

Als der Pastor merkte, daß etwas geschehen mußte, versicherte er sich der Hilfe einer vertrauenswürdigen Person und stellte Scott zur Rede. Scott reagierte gut auf diese Herausforderung und suchte sich professionelle Seelsorge. Im Lauf der nächsten beiden Jahre war die Beziehung zu seinem Pastor verständlicherweise belastet und unangenehm. Aber in dem Maß, wie Scott seine Übertragung aufarbeitete und der Pastor an den gesteckten Grenzen festhielt, wurde die Beziehung allmählich wiederhergestellt und wurde sogar stärker als vorher.

Nach ein paar Erfahrungen mit Menschen wie Scott kann ein Pastor leicht des Lobs und der Bestätigung überdrüssig werden. Aber nicht alle Gemeindemitglieder sind wie Scott. Einige können den Charakter eines Menschen recht gut beurteilen und bewundern an Pastoren und Leitern wirklich lobenswerte Eigenschaften; daraus entsteht dann eine echte Wertschätzung. Im Zweifelsfall müssen wir es lernen, den Herrn um Unterscheidungsfähigkeit zu bitten, damit wir echtes Lob, wirkliche Wertschätzung und aufrichtigen Dank von gefährlichen Idealisierungen unterscheiden können.

Emotionen erziehen

Wie wir bereits gesehen haben (und noch weiter sehen werden), lassen sich Fälle von Übertragung im allgemeinen auf die Kindheit zurückführen. Ein Grund dafür ist, daß die gesunde emotionale Entwicklung eines Kindes zu einem Großteil von der Hilfe der Eltern abhängt, die sie ihm durch ihr Vorbild und ihre Anleitung zuteil werden lassen.

Ein weiterer Grund hat mit der Fähigkeit des Kindes zu tun, seine Gedanken und Gefühle in der rechten Weise unter Kontrolle zu halten, was ebenfalls weitgehend von den Eltern abhängt. Sie müssen dem Kind seine eigenen Gefühle verständlich machen, insbesondere solche, die in echtem Leid oder Defiziten wurzeln. Wenn Eltern die Fähigkeit nicht aufbringen, die Emotionen ihres Kindes liebevoll und weise zu „erziehen" (oder wenn physische oder psychologische Defizite auf seiten des Kindes seine Fähigkeit zum Empfang dieser Hilfe blockieren), dann wird das Kind in emotionaler Unreife steckenbleiben.

Natürlich hängt die Fähigkeit der Eltern, ihren Kindern zu helfen, richtig mit ihren Emotionen umzugehen, davon ab, welche Eltern sie selbst hatten. Wenn auch hier Defizite vorkamen, werden sie selbst die Emotionen ihrer Kinder nicht in der rechten Weise erziehen können. Das hat ernste Konsequenzen. Einige dieser Kinder lernen es, ihre Erinnerungen und Gefühle in einem solchen Ausmaß zu verdrängen, daß sie nie die rätselhaften Kräfte ihrer Seele verstehen. Statt dessen scheinen sie ein recht oberflächliches Leben zu führen; es mangelt ihnen an Tiefe. Sie können keine tieferen Gefühle in Bezug auf die wichtigsten Dinge in ihrem Leben entwickeln.

Andere Kinder bekommen durch das Vorbild ihrer Eltern die Freiheit, ihre Gefühle voll auszuleben. Solche Kinder leiden ebenso wie die Menschen in ihrer Umgebung unter der Tyrannei dieser nicht in den Griff zu bekommenden Emotionen. Im schlimmsten Fall geraten solche Kinder später auf die schiefe Bahn und werden kriminell.

Wieder andere Kinder, meist solche aus gebildetem und wohlhabendem Elternhaus, verfallen in Sentimentalität. Sie lernen es, sich von ihren Gefühlen leiten zu lassen und vernachlässigen dabei intellektuelle und moralische Anstrengungen. Dadurch verkümmert ihre Fähigkeit, sich mit den schmerzhaften Realitäten des Lebens schöpferisch auseinanderzusetzen. Solche Menschen sind emotional unreif; sie verfallen entweder in das eine Extrem, alle Emotionen zu verdrängen, oder in das andere, unter dem Diktat ihrer Gefühle zu leben.

Gott sei Dank sind Christen nie durch irgendwelche Defizite aus ihrer elterlichen Erziehung begrenzt oder gebunden. Wie wir an den Beispielen in den kommenden Kapiteln sehen werden, können selbst Menschen mit den größten Defiziten die nötige Weisheit bekommen, wenn sie Gott ernstlich um Hilfe bitten.[10)]

Kapitel 3

Erinnerungen kommen hoch

Wenn verdrängte Erinnerungen hochzukommen beginnen, wie das bei einer Übertragung der Fall ist, dann werden häufig vergangene Erfahrungen und Gefühle über gegenwärtige Beziehungen gelegt. Dabei entwirft das Subjekt der Übertragung unbewußt ein Szenario, das einem Ereignis in seiner Vergangenheit ähnelt. Dann erleben die schmerzhaften Erinnerungen eine Neuauflage; sie werden wie bei einem Kassettenrekorder wieder abgespielt in der Hoffnung auf eine zufriedenstellendere Lösung. Das klassische Beispiel ist die Tochter eines Alkoholikers, die gegen ihre ursprünglichen festen Absichten selbst einen Alkoholiker heiratet. Sie hofft dann, daß ihr Mann sich ändern und sie lieben wird, wie ihr Vater das nie konnte.

Sigmund Freud und Kollegen waren sich dieser Dynamik bei ihren Patienten zutiefst bewußt; sie hielten sie für einen integralen Bestandteil der Übertragung. Freud schrieb: „Wir merken bald, die Übertragung ist selbst nur ein Stück Wiederholung, und die Wiederholung ist die Übertragung der vergessenen Vergangenheit nicht nur auf den Arzt, sondern auch auf alle anderen Gebiete der gegenwärtigen Situation.“ [1)]

Freud nannte das den „Wiederholungszwang“. Er sah das als einen Weg, auf dem Leute versuchten, wichtige – und ungelöste – Erinnerungen aus ihrer Vergangenheit wieder hervorzuholen, an die sie sich nur ungern erinnerten: „... so dürfen wir sagen, der Analysierte *erinnere* überhaupt nichts von dem Vergessenen und Verdrängten, sondern er *agiere* es. Er reproduziert es nicht als

Erinnerung, sondern als Tat, er *wiederholt* es, ohne natürlich zu wissen, daß er es wiederholt.“ [2)]

Das Bedürfnis, verletzende Erinnerungen mitsamt der Familiendynamik der Vergangenheit wieder hervorzuholen, tritt schon in der frühen Kindheit auf und wirft ein Licht auf die Wiederholung von Erinnerungen bei der Übertragung eines Erwachsenen. Wenn Eltern dieses Phänomen verstehen, können sie ihrem Kind helfen, Erinnerungen aufzuarbeiten; es kann dann eine Lösung dafür finden, noch bevor es seine Kindheit hinter sich gelassen hat.

Geburtstrauma

Mark und Gigi sind ein Beispiel für Eltern, die mit der Dynamik von aufsteigenden Erinnerungen zu ringen hatten. Sie schafften es, ihrem Sohn Mark David zu helfen, seine emotionalen Reaktionen auf eine frühe traumatische Erfahrung zu verarbeiten.

Als Gigi mit Mark David schwanger war, war sie körperlich bereits völlig ausgelaugt, bevor noch die Wehen begannen. Im dritten Monat der Schwangerschaft hatte sie sich einer Gallenblasenoperation unterzogen; außerdem war ihr während der gesamten Schwangerschaft immerzu übel gewesen. So hatte sie buchstäblich keine Kraft mehr, das Baby zur Welt zu bringen. Im Krankenhaus bekam sie eine hohe Dosis eines wehenfördernden Mittels. Mehrere Stunden später beklagte Gigi sich über unerträgliche Schmerzen, und die Ärzte entschieden, einen Kaiserschnitt durchzuführen.

Allerdings warteten schon drei Frauen vor ihr auf diese Notoperation. Gigi wurde gesagt, sie sei als vierte an der Reihe und müsse warten. So mußte sie zwei Stunden ohne jedes Schmerzmittel durchhalten, weil das Risiko für das Baby zu hoch gewesen wäre. Als sie schließlich in den Operationssaal kam und eine Betäubungsspritze erhielt, war ihr Körper so im Streß, daß sie eine Kiefersperre bekam.

Als der Schnitt vollzogen war, mußte der Arzt das Baby mit einer Zange holen, weil sich sein Kopf im Geburtskanal verkeilt hatte. Gigi erzählte später, daß sie das Baby nach der Geburt gar nicht sehen wollte und es nur aus einem Gefühl der Pflicht heraus begrüßte. Nach zwölf Stunden, in denen sie sich ein bißchen erholt hatte, genoß sie dann allerdings die Zweisamkeit mit ihrem kleinen Baby.

„Baby im Bauch“ spielen

Allem Anschein nach war Mark David ein friedliches Kind. Aber er als er heranwuchs und seine Gefühle zum Ausdruck brachte, merkten seine Eltern, daß er mit übersteigertem Zorn zu kämpfen hatte. Jede Emotion, die in ihm geweckt wurde, ob Überrascht-sein, Begeisterung, Entzücken, Lust oder Traurigkeit, wendete sich schließlich zum Zorn. Lange bevor er zwei Jahre alt war hatte Mark David schon Tobsuchtsanfälle, wenn etwas nicht nach seinem Kopf ging.

Mark und Gigi waren ratlos und suchten Hilfe bei reifen Christen. Sie erhielten den Rat, jede Nacht nach dem Einschlafen für das Kind zu beten und dabei den Heiligen Geist zu bitten, in alles hineinzukommen, was schief gelaufen war, einschließlich der Erinnerungen an das Geburtstrauma.

Viele Monate lang beteten sie treu für Mark David. Sie achteten auch sorgfältig darauf, seinem Zorn liebevoll und konsequent Grenzen zu setzen, und lehrten ihn, was angebracht war und was nicht mehr toleriert wurde. Er schien allerdings sehr langsam zu lernen, und so schrien sie weiter zu Gott und baten ihn um einen Durchbruch.

Als Mark David etwa drei Jahre alt war, überraschte er Gigi eines Tages mit der Frage: „Können wir ‚Baby im Bauch‘ spielen?“ Und er sagte ihr genau, wie das Spiel gespielt werden müsse: Sie mußte sich auf den Rücken legen, und er legte sich neben sie, in Höhe ihres Bauches. Neben ihnen lag der Schnuller auf dem Boden und ein paar Spielzeuge. Die sollte sie ihm geben, wenn er geboren worden wäre. Schließlich hüllte er sich in seine Babydecke und gab ihr folgende Anweisung: „Sag hallo zum Baby, Mama. Sag ihm, daß du spürst, wie es sich bewegt.“

Nach einigen Minuten, in denen es so weiterging, warf dann Mark David seine Decke ab, stellte sich auf seine Füße, hob sein Gesicht und sagte: „Ma-ma, Ma-ma.“ Als Antwort mußte Gigi ausrufen, wie froh sie sei, ihn zu sehen, während sie ihn eng an sich drückte.

Etwa drei Monate lang wollte Mark David dieses Spiel jeden Abend spielen; auch danach noch wollte er es immer wieder einmal spielen. Gigi war geduldig und bat den Herrn um Kraft, „das Baby willkommen zu heißen“, selbst wenn sie erschöpft war.

Langsam machte der überwältigende Zorn bei Mark David einem Gefühl des Wohlbefindens Platz.

Unter den Strahlen der Liebe

Zwei Jahre später kam es zu einem weiteren kritischen Moment in der Formung der Emotionen Mark Davids. Gigi stand etwa zwei Monate vor der Geburt des nächsten Babys. Mark David hatte ein lebhaftes Interesse an ihrer Schwangerschaft, und fragt sich insbesondere, wie wohl das Baby aus dem Bauch der Mutter herauskäme. Er wollte das „Baby im Bauch"-Spiel jetzt wieder häufiger spielen.

Eines Tages unterbrach er den normalen Ablauf des Spiels und fragte seine Mutter: „Hat es weh getan, als ich geboren wurde?" Als Gigi ihm erklärte, daß das tatsächlich so gewesen war, wurde sein Gesicht weiß, und er sagte leise und ängstlich: „Das tut mir leid, Mama."

Gigi erzählte ihm, daß er nicht an den Schmerzen schuld gewesen wäre, denn solche Dinge geschähen einfach in einer unvollkommenen Welt. Sie versicherte ihm, daß seine Geburt alle Schmerzen wert gewesen war und daß sie sich wirklich gefreut hatte, als er geboren war. Als Mark David diese Worte hörte, brach er in Tränen aus und stürzte seiner Mama in die Arme. Er empfing in diesem Moment ihre Liebe an genau der Stelle, an der er sie während der Geburt vermißt hatte.

Unter den beständigen Strahlen der Liebe und Weisheit seiner Eltern trat der Zorn, der einst Mark Davids Seele beherrscht und jede Emotion zur Wut hatte werden lassen, an den richtigen Platz. Er gewann nicht nur die Kontrolle über seine Gefühle, sondern erwarb sich auch die Fähigkeit, sich in die Schmerzen eines anderen einzufühlen (in diesem Fall seiner Mutter), und sah sein eigenes Leid in einem neuen Licht.

Diese Geschichte erläutert zugleich, wie die Seele schmerzhafte Situationen seit der Geburt immer wieder durchspielt und dabei ein besseres Ergebnis sucht. Wie wir weiter unten sehen werden, kann sich das bis ins Erwachsenenalter hinein fortsetzen; dabei verweben sich diese Skripten mit neuen Umständen; die Erinnerungen der Vergangenheit werden in die Gegenwart hinein projiziert.

Ambivalenz, Ängste, Glauben

Ein Beispiel dafür, wie ungeheilte Erinnerungen aus der Kindheit Übertragungen beim Erwachsenen hervorrufen können, sind meine eigenen Erlebnisse etwa neun Jahre nach meiner Übertragung auf Cindy.

Ich hatte viel Einsicht und Heilungsgebet in den Jahren zwischen diesen beiden Erlebnissen empfangen, aber eine zentrale Erinnerung war nicht geheilt worden. Als sie aufgearbeitet worden war, war ich in der Lage, meinen Zorn auf meine Mutter zu überwinden und mich selbst ganz als Frau anzunehmen.

Die Erinnerung wurde während einer Konferenz von Pastoral Care Ministries in Belgien ausgelöst, auf der ich als Mitarbeiterin war. Ich wollte dort ein Taufkleid für einen Säugling besorgen. Für mich hatte der Kauf dieses Gegenstandes eine ungeheure symbolische Bedeutung. Zu der Zeit war ich etwa sieben Jahre verheiratet und mein Mann und ich hatten seit einem Jahr versucht, ein Kind zu bekommen.

Mir waren seit einiger Zeit meine ambivalenten Gefühle gegenüber Kindern bewußt geworden. Auf der einen Seite war ich bereit, ein Kind in den Bund der Liebe aufzunehmen, der Mark und mich immer stärker verband. Auf der anderen Seite wurde meine Begeisterung von Ängsten gedämpft: Würde ich ein Kind angemessen erziehen können angesichts meiner eigenen frühkindlichen Defizite? Würde ich nicht meinen Kindern nur die gleichen Wunden weitergeben, die meine Großmutter an meine Mutter und diese wiederum an mich weitergegeben hatte?

Ich war auch hin und her gerissen bei dem Gedanken an Schwangerschaft. Das wurde mir immer wieder daran deutlich, daß ich beim Einsetzen meiner Monatsblutung gar nicht traurig war. Im Gegenteil. Anders als Frauen, die unbedingt schwanger werden wollen, fühlte ich mich erleichtert. Als ich meine Gefühle ins Gebet brachte, merkte ich, daß mein Widerstreben, Kinder zu haben, ein Zeichen dafür war, daß ich diesen Aspekt meines Frauseins noch nicht angenommen hatte. Ich fing an, den Herrn zu bitten, mir dieses Verlangen ins Herz zu legen.

Ich hatte schon einige Monate über meine Gefühle gebetet, als wir im mittelalterlichen Brügge ankamen, um uns vor der großen Konferenz noch ein paar Tage Ruhe zu gönnen. In einem der berühmten Spitzenläden sah ich ein wunderschönes Taufkleidchen und wollte es sofort kaufen. In diesem Moment wußte ich, daß dieser Wunsch mir vom Heiligen Geist als Antwort auf meine Gebete ins Herz gelegt worden war. Der Kauf dieses Kleidchens symbolisierte meinen Wunsch, Kinder in die Welt zu setzen und sie in die Familie Gottes hineintaufen zu lassen.

Trotzdem aber war meine Ambivalenz in Bezug auf Kinder noch recht lebendig. So kaufte ich das Taufkleid im Glauben, trotz meiner immer noch vorhandenen Ängste. Als ich das tat, bekam ich unerwartet Zugang zu unerklärlichen, aber tiefen Gefühlen, die so stark waren, daß ich sofort zu dissoziieren begann: Ich verlor die Fähigkeit, mit meiner momentanen Umwelt im Einklang zu bleiben.

Während ich noch im Laden das Kleid bezahlte, erlebte ich einige typische Symptome von Dissoziation: Ich fühlte mich völlig orientierungslos in Bezug auf Richtung und Zeit[3)] und mein Sehfeld hatte sich verändert. Außerdem fühlte sich mein Körper plötzlich sehr verspannt an, besonders im Gesicht, und hier vor allem im Kieferbereich. Als ich danach mit meinen Freunden zum Essen ging, fühlte ich mich ungewöhnlich befangen – wie ein schüchternes Kind unter lauter Erwachsenen.

Ein Gefühl der Unwirklichkeit

Nach dem Mittagessen ging ich mit Leanne zurück zum Hotel. Wir weihten meine neu erstandenen belgischen Teetassen ein und unterhielten uns ausgezeichnet über das Taufkleid und all die Dinge, die in meinem Herzen wach geworden waren. Bevor ich ihr Zimmer verließ, verabredeten wir uns noch für das Abendessen, da wir beide früh essen und das überfüllte, rauchige Restaurant vermeiden wollten, in dem der Rest des Teams aß. Die ganze Zeit über fühlte ich mich weiter sehr desorientiert, erzählte aber Leanne nichts davon. Ich sagte ihr, ich würde mich den Nachmittag über in meinem Zimmer ausruhen. Wir verabredeten uns dann für den frühen Abend.

Aber kaum war ich in meinem Zimmer angekommen, fühlte ich mich ungewöhnlich ruhelos. So entschied ich mich, einen Spaziergang zu machen. Aus irgendeinem Grund kam ich überhaupt nicht auf den Gedanken, Leanne über meine geänderten Absichten zu informieren. Als ich mein Zimmer verlassen hatte, wurden meine Gefühle der Unwirklichkeit stärker, und ich machte mir Sorgen, daß ich nicht mehr zurückfinden würde. Ich war außerdem frustriert über meine Unentschlossenheit, ob ich in den Läden am Straßenrand einige Kleinigkeiten einkaufen sollte oder nicht. Solche Probleme sind untypisch für mich.

Schließlich stieß ich auf einige Teammitglieder. Ihre Anwesenheit half mir, mich stärker in der Realität verankert zu fühlen. Aber meine Verbindung zu den Vorgängen um mich herum war bruchstückhaft: es war, als ob ich einen Fuß in der gegenwärtigen Realität der Stadt Brügge und den anderen in irgendeiner anderen Zeit und Wirklichkeit hätte. Die Abmachungen mit Leanne waren mir entfallen. Aufgrund meiner Dissoziation hatte ich einen anderen Plan, von dem sie nichts wußte.

In der Zwischenzeit hatte Leanne versucht, mich telefonisch zu erreichen. Als zwei Stunden seit dem vereinbarten Zeitpunkt vergangen waren, machte sie sich große Sorgen um mich. Sie mußte davon ausgehen, daß ich mich verlaufen hatte. Es war niemand in der Nähe, der ihr Genaueres hätte sagen können. Das ganze Team war außer Reichweite. So machte sie sich verzweifelt selbst nach Einbruch der Nacht auf den Weg, um mich zu suchen.

Zurückgeholt in die Realität

Rückblickend war der Moment, in dem Leanne mich mit dem Rest des Teams in einem italienischen Restaurant entdeckte, ausgesprochen lustig. Zum einen waren wir die einzigen Amerikaner dort. Zum anderen war Leanne gegen den kalten Februarwind mit einem schwarzen Mantel dick vermummt, trug einen breitkrempigen Hut, Handschuhe und eine augenblicklich beschlagene Brille. Als sie mich sah, schrie sie auf: „Valerie, wo warst du?“ Sofort verstummten die Gespräche im Restaurant; alle Leute blickten uns an. Allerdings dauerte die Aufmerksamkeit nur einen Moment: offensichtlich erwartete man von amerikanischen Touristen nichts anderes.

Ich erlebte diesen Moment auf höchst außergewöhnliche Weise. Kaum hatte ich Leannes ersten Satz vernommen, konnte ich nichts weiteres mehr hören. Ich konnte nur sehen, wie sich ihre Lippen bewegten und ihre Arme in der Luft herumfuchtelten. Ich fühlte mich in meiner privaten, stillen Welt wie in einem Kokon und war völlig von meiner Umgebung abgeschnitten. Aber in dieser Einsamkeit war ich mir aufs Schärfste bewußt, daß Gott bei mir war und zu mir sprach.

Ich hörte seine Anweisungen sehr klar: Ich sollte mein Vertrauen auf ihn setzen und mit ihm in Verbindung bleiben – und mit Leanne. Mit der ganzen Kraft meines Willens entschied ich mich in diesem Moment, der Stimme Gottes zu gehorchen. Und sofort konnte ich mich wieder in die Realität einklinken und eine verwirrte Entschuldigung Leanne gegenüber murmeln.

Leanne war deshalb über den unerwarteten Verlauf des Nachmittags so verblüfft und besorgt gewesen, weil ihr mein Verhalten aus zwei Gründen unerklärlich war. Zum einen hatte ich mich in den drei Jahren, in denen wir eng zusammengearbeitet hatten, als verläßlich erwiesen; sie hatte also keinen Anlaß gehabt, an diesem Tag etwas anderes zu erwarten.

Zum zweiten hatten wir an jenem Nachmittag eine besonders anregende Unterhaltung genossen. Ich hatte sie in einem Hochgefühl und der Vorfreude auf ein ähnlich schönes Abendessen zurückgelassen. Leanne hatte keinen Grund zu vermuten, daß ich in ein paar Stunden völlig verschwunden sein würde.

Irgendwie brachten mich ihre starke emotionale Reaktion und meine Entscheidung, mich mit meinem Willen ganz auf die Seite Gottes zu schlagen, mit einem Ruck wieder zurück in die Realität. Außer der starken körperlichen Anspannung verschwanden alle anderen Symptome der Dissoziation.

Der wahre Kampf

Bevor ich an jenem Abend ins Hotel zurückging, unternahm ich mit den anderen Teammitgliedern noch einen ausgiebigen Spaziergang. Dabei wurde mir ihre Sorge um mich und ihr Schock über Leannes emotionale Reaktion deutlich. Ich hätte leicht ihre Sympathie für mich gegen Leanne kanalisieren können. Aber ich merkte, daß nichts destruktiver gewesen wäre, und so entschied ich mich, nichts zu sagen.

An jenem Abend hatte ich einen Traum, der mich vor dem geistlichen Kampf warnte, der diese Situation umgab. In diesem Traum war ich mit Leanne und Mario Bergner, einem anderen wichtigen Teammitglied, in einem Laden in Brügge. Da kam eine Frau zur Tür herein, die ein paar Jahre früher einen geradezu teuflischen Streit im Team verursacht hatte, als Mario seine Übertragung auf Leanne durcharbeitete. Die Frau versuchte, mich von Leanne und Mario wegzuziehen und in ein Gespräch zu verwickeln.

Ich wachte auf in dem Wissen, daß diese Frau ein Symbol für den Versuch des Feindes war, Uneinigkeit in unser Team zu bringen. Und ich erkannte, daß ich aufgrund meiner Verletzlichkeit ein besonderes Ziel für ihn darstellte.

Blitzartig konnte ich das gesamte Bild sehen: Ich stand in der Gefahr, in meinem Heilungsprozeß steckenzubleiben und nicht nur alles aufzugeben, was ich bisher erreicht hatte, sondern auch den Dienst, den Gott mir gegeben hatte, zu verlieren. Ich erkannte auch, daß sich dieser Kampf genauso aggressiv gegen Leanne und ihren Dienst richtete wie gegen mich.

Leanne war tatsächlich kampfesmüde, weil sie mehrere Menschen, die sie zutiefst geliebt hatte, aufgrund von ungelösten Übertragungen verloren hatte. Ich hätte leicht ein weiterer Eintrag auf dieser Liste werden können. Zugleich stand auch die Effektivität unseres Einsatzes in Belgien auf dem Spiel, zu dem Gott uns gerufen hatte. Durch Gottes Geschenk konnte ich den geistlichen Kampf erkennen; jetzt war ich motiviert, ihn um seinen Schutz und einen Weg durch diese Schwierigkeiten zu bitten.

Bald plagte mich eine Flut von schmerzhaften Gedanken und Gefühlen, doch hatte ich zunächst noch keine Ahnung, wo sie herkamen. Meist schlug ich mich mit Zorn und Ängsten herum. Mein Denken war erfüllt von Verlassenheitsfantasien. In ihnen verließ Leanne mich und ich sie. So stellte ich mir etwa vor, daß ich solch ein Problem für Leanne und das Team geworden wäre, daß ich mich hätte von ihnen trennen müssen.

Alternativ dazu hatte ich den Gedanken, daß ich gerne meine Sachen packen, ein Taxi zum Flughafen nehmen und heimfliegen würde. Die Gewißheit, daß das genau der falsche Schritt gewesen wäre, hielt mich davon ab, meinen Impulsen zu folgen: Ich wußte, meine Gefühle waren irrational und wurzelten in der Übertragung von Gefühlen der Vergangenheit auf die Gegenwart.

Erleichterung und Heilung

Mehrere Tage nach Beginn der Konferenz erreichte mein Elend seinen Höhepunkt, und ich zog mich zu Beginn der Abendveranstaltung auf mein Zimmer zurück. In dem vollen Bewußtsein, daß mein Zorn nur symbolisch mit Leanne zu tun hatte, fürchtete ich, ich würde in sündhafter Weise ihr gegenüber explodieren.

Als ich Gott anflehte, mir zu helfen, stand mir plötzlich ein lebhaftes Bild des gekreuzigten Christus vor Augen, der gestorben war, um meinen sündhaften Zorn in sich hineinzunehmen. Schließlich kamen mir die Tränen. Das brachte eine enorme Erleichterung. Ich war jetzt in der Lage, mich dem Zorn zu stellen, der so heftig in meiner Seele loderte, und ihn loszulassen.

Dann machte ich mich auf den Weg zur Abendveranstaltung. Ich war entschlossen, für niemand zu beten, sondern mich lieber irgendwo am Rand des Saales zu verbergen. Leanne war mitten in ihrem Vortrag über das Bedürfnis des Kindes nach Wohlbefinden, als ich hereinkam und einen Platz neben einem älteren Belgier fand.

Als die Gebetszeit begann, wandte sich dieser Mann mir mit Tränen in den Augen zu und bat mich, für ihn zu beten. Aus Mitleid legte ich ihm zögernd die Hände auf und fing an zu beten. Zu meiner Überraschung und Freude fing der Heilige Geist an, ihm und mir tief zu dienen. Ich merkte, daß meine Heilung fortschritt, wenn ich für andere betete.

Als das Programm zu Ende war, fiel mir eine junge Mutter mit Baby auf. Mit ihrem Einverständnis betete ich für sie und machte dabei ein Kreuz auf die Stirn ihres Jungen. Als Antwort lachte und zappelte der Kleine vor Freude. Sein Kichern war ansteckend und berührte seine Mutter und mich zutiefst.

An diesem Abend schlief ich nach fünf schlaflosen Nächten zum ersten Mal fest. Und als ich am nächsten Morgen aufwachte, war mir sonnenklar, daß ich wieder normal war. Zu diesem Zeitpunkt wußte ich, daß ich genügend Objektivität besaß, um mit Leanne über den Vorfall in dem italienischen Restaurant zu reden und mich ehrlich dafür zu entschuldigen, daß ich ihr solche Angst eingejagt hatte.

Sie sprach mir Vergebung zu und bat mich ebenfalls um Vergebung dafür, daß sie ihre Sorge so lautstark in der Öffentlichkeit zum Ausdruck gebracht hatte. Sie erklärte, wie sie sich durch mein Verhalten wie vor den Kopf geschlagen fühlte. Sie vermutete, daß vielleicht der Grund für das Mißverständnis wegen des Abendessens eine Dissoziation gewesen sein könnte. Ich erinnerte mich an die eigenartigen Symptome, die ich erlebt hatte, und stimmte ihrer Einschätzung der Situation zu. Der Grund für diese Dissoziation aber war uns noch immer unklar.

Mehrere Tage später kehrten wir in die USA zurück. Als ich den Herrn in dieser Sache um Einsicht bat, kam eine zentrale Erinnerung hoch, die mit verdrängten Gedanken und Gefühlen gegenüber meiner Mutter zu tun hatte. Das war immer eine der lebhaftesten Kindheitserinnerungen gewesen; ich konnte sie mir jederzeit ins Gedächtnis rufen, aber sie war nie mit Emotionen verbunden gewesen. Dieser Erfahrung und ihrer Bedeutung wollen wir uns als nächstes zuwenden.

Kapitel 4

Kindheitswurzeln

Eines Tages, als ich vier Jahre alt war, und Tracy, meine Freundin und Nachbarin, fünf, beschlossen wir, daß es Zeit für eine Teeparty wäre. Wir zogen unsere besten Kleider an und klopften bei Mrs. Boyd an die Tür, einer großmütterlichen Frau, die neben uns wohnte. Sie lud uns in ihr Wohnzimmer ein und servierte uns in einem wunderbaren Porzellangeschirr Tee mit Plätzchen. Wir redeten endlos – worüber, daran kann ich mich nicht mehr erinnern.

Zweimal klopfte während unserer Teeparty Tracys ältere Schwester an die Tür und teilte mir mit, daß ich nach Hause gehen sollte, weil meine Mutter mich suchte. Beide Male ignorierte ich sie. Ich war nur zu bereit, Tracy zu glauben, die mir versicherte, ihre Schwester hätte diese Warnungen nur erfunden, um unsere Teeparty zu ruinieren.

Ich kann mich noch lebhaft daran erinnern, wie das Licht der untergehenden Sonne in das Zimmer fiel, als wir schließlich Mrs. Boyds Haus verließen. Es war Abend geworden, und ich hatte das Abendessen verpaßt. Als ich zu Hause vor der Tür stand, stürmte meine Mutter aus dem Haus, außer sich vor Sorgen. Ich war immer ein willfähriges Kind gewesen und hatte nie Anlaß zu solchen Sorgen gegeben. Sie schimpfte mich und gab mir die erste – und einzige – Ohrfeige, die ich je bekam.

Daraufhin rannte ich sofort in mein Zimmer, zog die Vorhänge zu, sprang ins Bett und zog mir die Decke über den Kopf. Meine Mutter klopfte an der Tür und sagte mir, ich solle zum Abendessen kommen, aber ich reagierte nicht. Schließlich kam mein Vater ins Zimmer und setzte sich auf mein Bett. Ich blieb stur unter meiner Decke, während er mir erklärte, daß er und meine

Mutter nicht zornig auf mich waren, sondern sich furchtbare Sorgen gemacht hatten.

Er tat alles, was er nur konnte, um mich zu überzeugen, unter der Decke hervorzukommen und zum Abendessen zu gehen. Ich sagte ihm, ich hätte keinen Hunger – was zweifellos stimmte angesichts all der Plätzchen, die ich auf der Teeparty vertilgt hatte. Ich blieb aber unglaublich wütend auf meine Mutter und haßte sie sogar. Voller Selbstmitleid empfand ich, sie hätte mich ungerecht behandelt und mich bloßgestellt. Ich blieb den ganzen Abend in meinem Zimmer.

Meine Mutter und ich erinnern uns beide daran, daß ich mich nach dieser Erfahrung meinen Eltern gegenüber anders verhielt. Ich zog jetzt die Gesellschaft meines Vaters der meiner Mutter vor. Erst nach mehr als zehn Jahren, als ich Christ geworden war, fing ich wieder an, mich stark mit meiner Mutter zu identifizieren. Bis zu diesem Zeitpunkt war meine Kindheit davon geprägt, daß ich mich in der Gegenwart anderer Mädchen und Frauen, einschließlich meiner Mutter, unwohl fühlte.

Im Unterschied dazu fand ich es leicht, mit Jungs und Männern Kontakt zu pflegen, und hier besonders mit meinem Vater. Seine Welt des Erfindens und des Erschaffens regte meine Fantasie an, und ich habe viele wundervolle Erinnerungen daran, wie ich neben ihm an seiner Werkbank sitze und zusehe, wie er Dinge baut und repariert. Ich identifizierte mich sehr stark mit ihm, was an meiner jungenhaften Art, mich zu kleiden, und meinen männlich geprägten Träumen von dem, was ich als Erwachsene tun wollte, deutlich wurde.

Die wirkliche Erinnerung

Während ich über mein Erlebnis in Brügge betete, fiel mir die Teeparty wieder ein. Anders als bei meinen früheren Erinnerungen standen mir hier die Gedanken und Gefühle, die ich als Vierjährige gehabt hatte, deutlich vor Augen. Mein innerer Monolog gegenüber meiner Mutter war erfüllt von Selbstmitleid, Groll, Verachtung, Wut und Rachegedanken. Und er war gespickt mit Ausdrücken, die mein Vater benutzte, wenn er zornig war. Es ähnelte sehr dem, was ich unter der Decke gemurmelt hatte, als mich meine Mutter geschlagen hatte.

Ich schämte mich, als ich diesen Monolog aufschrieb. Es war mir peinlich, daß solche Gefühle immer noch in meiner Seele lauerten. Es fiel mir schwer, aber ich schrieb alle diese krankhaften Gedanken und Gefühle in bezug auf meine Mutter peinlich genau auf, die ich siebenundzwanzig Jahre lang verdrängt hatte. Nach diesem Schritt war ich in der Lage, ihr aus tiefstem Herzen voll und ganz zu vergeben.

Beim Nachdenken erkannte ich, wie ich als Vierjährige meine Mutter und damit letztlich auch meine eigene Weiblichkeit total abgelehnt hatte. Die Wurzel dieser Zurückweisung lag darin, daß ich als Säugling keine rechte Bindung zu ihr gefunden und deshalb einen immensen infantilen Zorn entwickelt hatte. Mein Verschwinden als kleines Mädchen war deshalb nicht so unschuldig, wie es aussah, sondern ein Ausdruck meines Zorns und meiner Boshaftigkeit gegenüber meiner Mutter.

Als ich dann in Brügge meine Ängste überwand und das Taufkleid kaufte, kam dieser gleiche Zorn wieder in mir hoch. Weil er so intensiv und lähmend gewesen wäre, versuchte ich sofort, ihn wieder zu verdrängen, indem ich mich von der ganzen Situation dissoziierte – einschließlich meiner Verabredung mit Leanne. Gleichzeitig übertrug ich diesen verdrängten und jetzt aufsteigenden Zorn unbewußt auf Leanne. Das war die Dynamik, die hinter meinem Verschwinden an jenem Nachmittag in Brügge steckte.

Das Skript umschreiben

Später verstand ich, wie meine Beziehung zu Leanne sozusagen zur Bühne wurde, auf der ich versuchte – wenn auch unbewußt – diese Kindheitserinnerung in der Hoffnung auf ein besseres Ergebnis neu aufzuführen. Mein Verschwinden vor Leanne in Belgien wies eine verblüffende Ähnlichkeit auf mit meinem Verhalten meiner Mutter gegenüber, als ich vier Jahre alt war.

Der Teil des Skripts, der neu geschrieben werden mußte, war mein Part, nicht der meiner Mutter oder Leannes. Als Kind hatte ich wegen der letztlich geringfügigen Beschämung, geschimpft und geohrfeigt worden zu sein, meine Mutter und alles, was mit kleinen Mädchen zu tun hatte, irrational abgelehnt. Diese Strafe war wohlverdient gewesen. Die Erinnerung daran wurde bei meinem Verschwinden in Brügge und Leannes Zurechtweisung im Restaurant wieder neu abgespielt.

Die Versuchung im Restaurant lag für mich darin, die Bedeutung von Leannes Reaktion hochzuspielen und sie dann deswegen genauso abzulehnen, wie ich früher meine Mutter abgelehnt hatte. Das hätte bedeutet, weiter in der kindischen und infantilen Reaktion gegenüber meiner Mutter zu verharren.

Aber statt meinen Zorn über meine Mutter auf Leanne zu übertragen, entschied ich mich mit Gottes Hilfe, mich damit auseinanderzusetzen. Dadurch wurde es mir möglich, das Problem vor Gott zu lösen und der Person, die mich eigentlich verletzt hatte, zu vergeben. Ich faßte zugleich den Entschluß, Leanne zu vertrauen, und widerstand der Versuchung, sie abzulehnen. Durch diese Schritte schrieb ich das Skript meiner früheren Ablehnung von Frausein und Weiblichkeit wieder um.

Die Dinge ans Kreuz bringen

In dem Prozeß, mein Erlebnis in Brügge verstehen zu lernen, war das Gebet ein wesentlicher Bestandteil. Im Gebet spürte ich, wie der Heilige Geist als Tröster und Helfer zu mir kam. Geborgen in der sanften und starken Gegenwart Gottes, konnte ich meine Schutzmechanismen aufgeben und meine verdrängten Emotionen hochkommen lassen.

Sobald ich diese empfangende Haltung vor Gott eingenommen hatte, strömte der Trost des Heiligen Geistes an diejenigen Stellen meines Herzens, wo die Verletzungen des kleinen Mädchens lagen, das sich nach einer tieferen Verbindung zu seiner Mutter gesehnt hatte. Mit diesem so dringend notwendigen Trost kam das erleuchtende Licht Christi und half mir, meine sündhaften Reaktionen auf meine Mutter und andere Frauen in meinem Leben zu verstehen. In diesem Licht konnte ich dann auch erkennen, was mein Verhalten in Brügge mit den Erinnerungen aus meiner Kindheit zu tun hatte.

So habe ich gelernt, wie ich damit umgehen muß, wenn andere schmerzhafte Gedanken und Gefühle aus frühkindlichen Verletzungen hochkommen. Zwei Schritte haben sich dabei als besonders hilfreich erwiesen. Der eine, den ich schon beschrieben habe, ist das Führen eines Gebetstagebuchs, in dem ich meine verwirrten Gedanken vor Gott niederschreibe.

Die andere Übung ist der Gebrauch eines Kruzifixes im Gebet. Wenn ich mitten in meinem Leiden auf das Kruzifix schaue oder mich daran festhalte, und dann meinen ganzen Schmerz dem gekreuzigten Christus überlasse, hat das immer wieder zu dramatischen Ergebnissen geführt. Dadurch machte nicht nur meine Heilung Fortschritte, sondern es wurden auch andere mögliche

Übertragungen verhindert. Der Umgang mit dem Kruzifix hat mich auf den sicheren Boden des Wissens um den Ursprung meines Leidens und des einzigen Gegenmittels dafür zurückgebracht – nämlich meinen Schmerz am Kreuz völlig loszulassen.

Frank Lake beschreibt die Hilfe und den Trost, die der Leidende findet, wenn er sich mit Jesus in seinem Leiden identifiziert:

> Der Geist Christi ... ertrug das Äußerste an Verfolgung und Leid. Sein Kreuz und Seine Passion machen uns dessen gewiß. Diese einzigartige Erfahrung geduldigen Ertragens menschlichen Leids durch den Tod hindurch nahm er mit in das Auferstehungsleben hinein, das Gott ihm gegeben hat. Eben dieser Geist Christi „kam" an Pfingsten auf die Kirche „herab" und war seitdem immer bei uns und in uns Christen. Dieser Geist Gottes, der fähig ist, alles mit der Tapferkeit des Sohnes zu ertragen, ist es, der den Märtyrern und den Angefochtenen ihre Standhaftigkeit verliehen hat. Er ist unser erstes und letztes Mittel, wenn wir in der klinischen Seelsorge Christen ermutigen, die ernsthaft „ihren Problemen auf den Grund gehen wollen", sich umzuwenden und dem zu stellen, was hochkommt und ihr Selbst von innen her bedroht. Die göttliche Gabe der Tapferkeit ist uns vom Geber zu einem hohen Preis ermöglicht worden.[1)]

Mit einem Wunder leben

Der Schlüssel für das Verständnis meiner Übertragung auf Cindy und meines Erlebnisses in Belgien war die Einsicht in die Bedeutung meiner frühkindlichen Beziehung zu meiner Mutter. Hinter dieser Geschichte liegt natürlich wiederum die eigene persönliche Vorgeschichte meiner Mutter.

Meine Mutter war in den ersten fünf Jahren ihres Lebens von ihrer eigenen Mutter getrennt. In dieser Zeit wohnte sie bei ihren Großeltern, die sehr arm waren und kaum genug zum Leben hatten, auf einer winzigen Farm in Blue Mesa im Westen Colorados. Ihre Großeltern liebten sie sehr, konnten aber nicht die Mutter ersetzen, die sie als kleines Kind gebraucht hätte. Seit dieser Zeit litt sie unter einem doppelten schmerzhaften Gefühl: dem der Ablehnung von seiten ihres Vaters und dem des Verlassenwerdens durch ihre Mutter.

Ich wurde geboren, als meine Mutter dreißig war. Sie und mein Vater hatten zehn Jahre lang versucht, Kinder zu bekommen, und waren begeistert, als sie entdeckten, daß Mama schwanger war. Obwohl sie keine Christen waren, betitelten sie mich als ihr „Wunderbaby“.

Die Freude verflog allerdings, nachdem ich geboren war. Meine Mutter war im Umgang mit ihrem Säugling extrem ängstlich. Jedesmal, wenn sie mich hochhob, hatte sie Angst, mich fallenzulassen. Die vielen Aufgaben, die die Säuglingspflege mit sich brachte, waren einfach zuviel für sie. Nachdem sie selbst kein inneres Wohlbefinden kannte, konnte sie mir auch keines weitergeben.

Als ich ein Jahr alt war, ging meine Mutter wieder arbeiten. Später erzählte sie mir, sie hätte das nicht aus finanziellen Gründen getan, sondern weil sie Angst hatte, den Verstand zu verlieren, wenn sie weiter allein mit mir zu Hause geblieben wäre. Meine allererste Erinnerung ist, wie ich im Schlafzimmer meines Babysitters aufwachte, nach meiner Mutter schrie und mir ängstlich eine Decke gegen meine Genitalien presste.

Den ersten Einblick in diese schmerzhafte, mit Schuldgefühlen behaftete Erinnerung erhaschte ich, als ich nach dem College einen Vortrag von Leanne Payne auf einer PCM-Konferenz hörte. Sie erklärte, wie Angst und Bedrohung von einem Kleinkind als ein Gefühl unangenehmer Spannung im Genitalbereich empfunden werden:

> Das Kleinkind, das die Liebe der Mutter oder einer anderen Person nicht empfangen kann, klammert sich voller Angst an seine eigenen Genitalien ... Die Ursachen sind vor allem der Schmerz und die Angst, *beziehungs-los* zu sein. Das gilt vor allem in der Beziehung zur Mutter. In dieser Trennung gelingt es dem Kleinkind nicht, zu einem Wohlbefinden zu gelangen bzw. oft nicht einmal zu einem Empfinden für seine eigene Daseinsberechtigung.[2)]

Die Skelette in meinem Zimmer

Ein immer wiederkehrender Traum aus meiner frühen Kindheit bietet ein lebhaftes Bild von der Angst und dem Schrecken, die ich als Baby erlebte. In diesem Traum sah ich zwei Schaukelstühle, einer für einen Erwachsenen, der andere für ein Kind. Ich bemerkte zuerst den Kinderstuhl: darin saß ein weißes, kindergroßes Skelett. Dann drehte ich mich um, um zu dem großen Schaukelstuhl hinüberzublicken. Dort saß ein weiteres Skelett, diesmal das eines Erwachsenen. Aus diesem Traum erwachte ich dann immer in blankem Entsetzen.

Die Schaukelstühle, die ich in meinem Traum sah, gab es tatsächlich; sie standen in meinem Zimmer. Ich war dadurch so beunruhigt, daß ich den kleinen schließlich meinem kleineren Bruder schenkte, der ihn in sein Zimmer mitnahm. Als er mich fragte, warum ich den Stuhl nicht wollte, erzählte ich ihm von meinen Träumen. Weil wir Angst hatten, daß diese Träume irgendetwas mit dem Stuhl zu tun haben könnten, beschlossen wir, ihn in den Keller zu stellen, wo er blieb, bis meine Eltern ihn verschenkten.

Das Erwachsenenskelett war ein Symbol dafür, wie ich meine Mutter empfand – als leblos, klapperig und nicht in der Lage, etwas zu geben. Und das Kinderskelett beschrieb, wie sehr ich mich mit ihrer Leblosigkeit identifizierte. Meine Sicht von Frausein wurde dadurch zutiefst geprägt, sowohl im Blick auf das, was ich von Frauen empfangen, als auch, was ich ihnen meiner Meinung nach geben konnte.

Ich muß dabei aber betonen, daß meine alltägliche Beziehung zu meiner Mutter in meiner Kindheit und der Adoleszenz an der Oberfläche recht harmonisch war. Vor allem in meiner Teenagerzeit beneideten mich meine Altersgenossinen sehr, die in offenem Konflikt mit ihren Müttern lebten. Indem ich den Schmerz meiner frühen Erfahrungen verdrängte, konnte ich das Beste aus der Beziehung zu meiner Mutter machen.

Ich spaltete zugleich auch meine emotionalen Reaktionen ab. Hätte ich meine starken Gefühle von Wut, Haß, Angst, Schrekken, Furcht, Selbstmitleid und Groll nicht verdrängt, wären sie zu einer Barriere für die Beziehung zu meiner Mutter geworden. Deshalb steckte ich meine Emotionen in eine versiegelte Kammer meiner Seele, um zu verhindern, daß sie den Rest meines Lebens dominieren würden.

Zwar erlaubte mir dieser Mechanismus der Abspaltung, besser in meiner Familie zu funktionieren, doch stumpfte dadurch meine Fähigkeit ab, überhaupt etwas zu fühlen. Ich war nicht in der Lage, emotional auf Menschen und Situationen zu reagieren, selbst wenn ich es gewollt hätte oder es nötig gewesen wäre.

Gefühlsausbrüche

Gelegentlich kamen meine Schmerzen in meiner Kindheit zum Ausbruch. Wenn das passierte, wurde ich überwältigt von Gefühlen, die ich nicht verstand und kontrollieren konnte. Meist handelte es sich um einen tiefen Haß und ein Gefühl der Bedrohung angesichts bestimmter Frauen in meinem Leben. Bei dem denkwürdigsten Beispiel ging es um eine Lehrerin in der zweiten Klasse, die mir das Lesen beibrachte.

In jenem Jahr hatte ich einige ungewöhnliche Veränderungen erlebt. Meine Klassenlehrerin, die ich sehr gern hatte, zeigte ein besonderes Interesse an mir und führte deshalb eine Reihe Tests durch, die zeigen sollten, ob meine Einteilung in ihre Klasse für langsamere Leser falsch gewesen war. Aufgrund der Ergebnisse wurde entschieden, daß ich für die Lesestunde in die Klasse der fortgeschritteneren Leser wechseln sollte.

Meine neue Leselehrerin Mrs. Johnson mochte ich von Anfang an nicht. Ich kann mich erinnern, daß sie mich freundlich dazu zu bringen suchte, doch einmal zu lächeln, aber ich weigerte mich nicht nur zu lächeln, sondern überhaupt mit ihr zu reden. Selbst wenn ich aufgerufen wurde, um Fragen zu beantworten, verweigerte ich mich. Dies war der Anfang von vier Jahren in der Schule, in denen ich kaum sprach. Mein Verhalten war für die Lehrer so problematisch, daß sie mit meiner Mutter darüber sprachen. Sie war höchst erstaunt über diese Nachrichten und konnte ihnen nur sagen, daß ich zu Hause und mit meinen Freundinnen aus der Nachbarschaft ganz normal zu reden schien.

Meine letzte Erinnerung an Mrs. Johnson stammt aus der sechsten Klasse. Eines Tages kam sie als Aushilfslehrerin in den Sportunterricht. Als ich sie erblickte und merkte, daß es sich um die gefürchtete Mrs. Johnson aus der zweiten Klasse handelte, wurde ich von Haß und Angst überwältigt und fing an, unkontrolliert zu weinen. Ich weinte mehrere Stunden lang und konnte keine Erklärung dafür geben, als man mich nach dem Grund dafür fragte.

Solche unerwarteten Ausbrüche von verdrängten Emotionen waren Vorläufer für meine Übertragung auf Cindy. Später lernte ich, daß diese rätselhaften Erfahrungen in meiner Kindheit und in meiner Beziehung zu Cindy nicht etwas Einzigartiges darstellten.

Frank Lake kommentiert diese sehr häufige Reaktion auf frühkindliches Leid:

> Die Wurzeln aller Psychoneurosen liegen in den frühkindlichen Erfahrungen mentaler Schmerzen von so unerträglicher Heftigkeit, daß sie schon in der Zeit, in der sie auftraten, vom Bewußtsein abgespalten werden mußten. Aufgrund von Verdrängung sind sie unter der Oberfläche geblieben. Der tatsächliche Grund der Panik kann eine Zeit der Trennungsangst in den ersten Lebensmonaten gewesen sein, wo die Trennung von der visuellen und sinnenhaften Wahrnehmung der Quelle des „Seins", der Mutter oder ihrem Ersatz, gleichbedeutend ist mit der langsamen Erdrosselung des eigenen Geistes und seinem bevorstehenden Tod.[3)]

Ich habe oft gesehen, wie sich diese Dynamik im Leben anderer wiederholt hat, insbesondere bei Menschen in der Kirche oder anderen Formen des geistlichen Dienstes. In den meisten Fällen sind die Betreffenden nicht gerüstet, zu verstehen, was passiert, geschweige denn das Problem zu lösen.

Die Dynamik einer Übertragung kann selbst von Menschen mit einer psychologischen Ausbildung übersehen oder falsch diagnostiziert werden. Der Grund dafür ist einfach: Übertragung wird oft zu eng verstanden als ein Phänomen, das nur in der Praxis eines Therapeuten vorkommt.

Wurzeln außerhalb der frühen Kindheit

Zwar liegen Schwierigkeiten in der Dynamik der Mutter-Kind-Beziehung vielen Übertragungen zugrunde, und fast immer sind sie die Ursache von äußerst verwirrenden und verwickelten Problemen. Allerdings haben nicht alle Übertragungen ihre Wurzel in der frühen Kindheit. Viele haben mit den Auswirkungen zerbrochener Beziehungen und schmerzhafter Erfahrungen in der späteren Kindheit und sogar noch danach zu tun.

Ein Beispiel dafür ist Martys Geschichte. Seine Übertragungen, unter denen er als Erwachsener litt, hatten mit Erlebnissen während der Schulzeit zu tun. Marty war fünf, als seine Mutter unerwartet starb. Er kann sich nicht mehr an viele Einzelheiten über sie erinnern, aber er bewahrt die Fotos, die ihn als kleines Kind mit seiner Mutter zeigen, als einen großen Schatz auf.

Aus den Erzählungen von Menschen, die sie gut kannten, wird deutlich, daß Martys Mutter eine vorbildliche Ehefrau und Mutter sowie eine besonders glaubensstarke Frau gewesen sein muß. Als sie starb, hinterließ sie ihrem Mann vier Kinder. Daß die Familie jetzt das Leben ohne sie meistern sollte, schien allen undenkbar, ganz besonders aber Martys Vater.

Marty erinnert sich, daß es nicht lange nach dem Tod der Mutter bei seinem Vater zu schlimmen Veränderungen kam. Völlig überwältigt von den praktischen Anforderungen der Erziehung von vier Kindern heiratete er aus schierer Verzweiflung ein zweites Mal. Aus der Sicht der Kinder war die neue Frau ein armseliger Ersatz für ihre geliebte Mutter. Ihre Ablehnung vergrößerte die Spannungen in der Familie noch mehr.

Marty kann sich nicht mehr genau daran erinnern, wann es dazu kam, aber irgendwann fing sein Vater an, die Kinder unbarmherzig zu züchtigen. Schlimmer noch, er verprügelte die beiden Jungs regelmäßig nach seiner Rückkehr vom Sonntagabendgottesdienst. Martys Stiefmutter, die selbst Angst vor der Gewalttätigkeit ihres Mannes hatte, unternahm nichts, um die Kinder zu schützen.

Um den Spannungen zu Hause zu entgehen, meldete sich Marty während des Koreakrieges freiwillig zum aktiven Dienst in der Armee. Nach kurzer Zeit an der Front wurde er wegen eines totalen Nervenzusammenbruchs entlassen. Er schaffte den Sprung zurück allerdings recht schnell, heiratete und begann eine sehr erfolgreiche Karriere. Im Unterschied zur Heuchelei seines Vaters stand sein Leben in der Gemeinde mit dem zu Hause im Einklang.

Marty hatte den Schmerz seiner Kindheit unter seinem Erfolg begraben. Seine manische Arbeitssucht ließ ihm keine Zeit, über die Vergangenheit nachzudenken. Aber schließlich entwickelten sich bei ihm Symptome der schwersten Form von Selbstmorddepression.

Mit ungeheurem Kraftaufwand fand er trotz extremer Rückschläge die medizinische Hilfe, die er brauchte, um seine Depression in den Griff zu bekommen. Die Schmerzen aus der Kindheit blieben dabei aber zum größten Teil ungelöst. Auf die Frage, ob er auf seinen Vater wütend sei, antwortet Marty: „Nein, ich fühle überhaupt nichts in bezug auf meinen Vater. Ich fühle keine

Liebe, ich fühle keinen Haß. Ich fühle nichts." Er litt eindeutig unter Verdrängung.

Obwohl verschüttet, lauerte der Zorn immer noch in Martys Seele. Einige Zeit, nachdem sich seine Depression stabilisiert hatte, kam es zu einer Situation, in der Marty in eine Übertragung gegenüber dem zweiten Pfarrer seiner Gemeinde geriet.

Marty waren Schwierigkeiten in der Beziehung dieses Pfarrers zu einem Gemeindemitglied aufgefallen. Nachdem er die Geschichte von letzterem gehört hatte, wurde er dem Pastor gegenüber mißtrauisch, dem er bisher vertraut, ja, den er sogar bewundert hatte. Marty fühlte sich gezwungen, für das Gemeindeglied Partei zu ergreifen, und redete im Verlauf von einigen Monaten mit einer Reihe von Leuten, die mit dem Pastor unzufrieden waren.

Marty kam schließlich zu der Überzeugung, daß der Pastor Probleme mit übermäßigem Zorn hatte, und fühlte sich genötigt, dafür zu sorgen, daß dieses Problem angesprochen und korrigiert wurde. Seine Vorwürfe gegen den Pastor wurden allmählich zwanghaft. Leider wurde die Situation nie geklärt, und so verließen sowohl der Pastor als auch Marty die Gemeinde.

Projektion und Fehlwahrnehmung

Martys Geschichte ist ein Beispiel dafür, wie Übertragung ihre Wurzeln in der späteren Kindheit haben kann. Die Emotionen, die aus dem überwältigenden Verlust seiner Mutter resultierten, lieferten zusammen mit den Schlägen seines Vaters das Material für seine Übertragung auf den Pastor. Die klassischen Merkmale der Übertragung durchziehen die ganze Geschichte.

Zuerst sehen wir die Projektion von Martys Zorn auf den Pastor. Obwohl der Pfarrer in mehreren frustrierenden Situationen seinen Zorn zum Ausdruck gebracht hatte, liefen seine Emotionen nicht so aus dem Ruder, daß er zum geistlichen Dienst nicht mehr in der Lage gewesen wäre, wie Marty dachte. Statt dessen projizierte Marty seinen eigenen verdrängten Zorn auf den Pastor – und machte dadurch aus einer Mücke einen Elefanten. Das war Martys Strategie, der Erkenntnis zu entgehen, daß sein Zorn aus der Kindheit noch immer in ihm tobte.

Das zweite ist der Fehler, eine Person der Gegenwart durch die Brille seiner früheren Vaterbeziehung zu sehen. Marty nahm den Pastor fälschlicherweise wie seinen Vater wahr. So machte er sich daran nachzuweisen, daß er sich genauso heuchlerisch wie sein Vater verhalten habe.

Schließlich erkennen wir das Muster, eine negative Szene aus der Kindheit anhand einer gegenwärtigen Situation zu rekonstruieren und zu lösen. Marty steckte den Pastor in die Rolle des Täters und versuchte dann, von ihm ein Schuldbekenntnis und eine Entschuldigung zu erhalten. Obwohl er sich das von seinem Vater sehnlichst gewünscht hatte, war es nie dazu gekommen. So wurde er zum Anwalt derer, die vom Pastor „mißbraucht" worden waren, weil er als Kind ganz dringend jemand gebraucht hätte, der ihn gerettet und beschützt hätte.

Wir haben uns die Wurzeln der Verdrängung in der Kindheit angesehen. Was geschieht nun mit den verdrängten Emotionen? Was verhindert, daß sie an die Oberfläche kommen? Und wo finden wir Hilfe und Heilung für die Schmerzen der Vergangenheit? Das sind die Fragen, die wir als nächstes aufgreifen.

Kapitel 5

Verdrängung, Stolz und Selbsttäuschung

Warum schießt das verdrängte Material des Herzens manchmal wieder hoch? Auf diese Frage gibt es verschiedene Antworten; manche von ihnen erscheinen widersprüchlich. Drei davon heben sich von den anderen ab.

Bei manchen ist außergewöhnlicher Streß eine Ursache. Dieser Faktor betrifft am häufigsten solche Menschen, die ein geordnetes Leben führen und sich in einer strukturierten Umgebung wohlfühlen. Manchmal wird diese Ordnung aber von grundlegenden Veränderungen ihres Lebensstils völlig durcheinandergewirbelt, wie einer Heirat, der Geburt eines Kindes, einer beruflichen Veränderung, einem Umzug, einer schweren Krankheit, dem Tod eines nahestehenden Menschen, der Pensionierung, Alterserscheinungen usw. Oftmals schieben sich dann ungelöste, seit langem verdrängte Dinge aus der Vergangenheit in den Vordergrund.

Frank Lake bemerkt dazu:

> Bei manchen Unglücklichen braucht der Schmerz keine Aufdeckung. Er liegt in der Belastung durch psychisches Elend offen zutage. Bei anderen – ich denke an viele Geistliche, für die das zutrifft – liegt er zum Großteil unterhalb der Ebene des Bewußtseins. ... Hier kann die vollere Aufdeckung der dunklen Seite (den verdrängen Emotionen) von einer Reihe unterschiedlicher physischer, emotionaler oder geistlicher Veränderungen ausgelöst werden. Auszehrung durch

> Krankheit oder ein starker Erschöpfungszustand, Pensionierung oder Alterserscheinungen; Reifeprozesse oder Widerstände gegen eine normale Entwicklung, geistlicher Ungehorsam oder tiefer und schmerzhafter Gehorsam; alle diese Faktoren können alte Verletzungen wieder hervorschleudern und dem erstaunten Ich die Gelegenheit geben, wieder mit lang entfremdeten Teilen seiner umfassenden Selbstheit vereint zu werden.[1)]

Ein zweiter Grund ist das genaue Gegenteil des ersten: Für manche kann der Mangel oder das Fehlen von Streß zum Zusammenbruch ihrer Fähigkeit zur Verdrängung führen. Solche Menschen leben von der Aktivität, einem vollen Terminkalender und viel Verantwortung. In extremen Fällen ziehen sie das totale Chaos der Vorhersagbarkeit vor.

Im Unterschied zu der vorgenannten Gruppe, die Ordnung und Einsamkeit liebt, fürchten solche Leute sowohl Strukturen wie das Alleinsein. In solchen Zeiten erleben sie oftmals Depressionen, Angstzustände, Zorn usw. Paradoxerweise kann eine Phase ungewöhnlicher Sicherheit und Stabilität ihnen das Gefühl vermitteln, am Boden zerstört zu sein. Solchen Menschen wird nur die Sicherheit einer liebevollen christlichen Gemeinschaft die Freiheit geben, ihre Schutzmechanismen aufzugeben und das Verdrängte hochkommen zu lassen. Das gilt insbesondere, wenn es sich dabei um ein paar vertraute Freunde handelt.

Abgesehen von ungewöhnlichem Streß oder dessen Mangel habe ich noch einen dritten häufigen Grund beobachtet, weswegen die Verdrängung fehlschlägt: das Entstehen einer Beziehung von emotionaler Abhängigkeit. Sie läßt sich als eine Beziehung beschreiben, bei der die Beteiligten unzureichende oder unangemessene emotionale, intellektuelle, physische oder geistliche Grenzen besitzen. Solche Freundschaften sind gekennzeichnet durch den Anspruch auf Ausschließlichkeit, Eifersucht und emotionale Instabilität bei einem oder beiden Beteiligten.

Dabei tritt bei einem (oder beiden) Beteiligten recht oft eine Regression in ein unreifes Beziehungsmuster auf, und zwar gewöhnlich dann, wenn deutlich wird, daß sich Probleme in seinem Leben nicht lösen lassen. So kam es in meiner Beziehung zu Cindy zur Regression auf ein Verhaltensmuster, das ein Kleinkind der Mutter gegenüber an den Tag legt, nicht aber eine Collegestudentin einer anderen gegenüber. Solch eine Dynamik ist in einer Beziehung zwischen Therapeut und Klient zwar erstrebenswert, nicht aber in einer Freundschaft – sie leidet darunter oder geht daran zugrunde.

Leben in der Selbsttäuschung

Wir haben die Frage gestellt, warum das „Material" unseres Herzens hochkommt; wir sollten auch danach fragen, was es so lange verdrängt halten kann. Ein Grund dafür ist die unbestreitbare Tendenz des menschlichen Herzens, Leid zu vermeiden. Und selbst wenn wir leiden, vermeiden wir es dabei lieber, Einsichten in unsere Seele zu gewinnen. Prüfungen führen nicht automatisch zu Wachstum.

Ohne die Gnade Gottes haben wir nicht den Mut, uns schmerzhaften Erinnerungen neu auszusetzen; wir haben nicht die nötige Demut, unsere Sünden und unsere Unreife zu bekennen; und wir geben unsere Bitterkeit gegenüber Menschen, die uns verletzt haben, nur sehr ungern auf. Wenn unsere Verdrängungsmechanismen zusammenbrechen und Dinge aus der Vergangenheit hochkommen, neigen wir dazu, neue Mittel und Wege zu finden, sie wieder zu unterdrücken.

Die mit dem Begriff Übertragung bezeichneten Regungen der Seele bieten uns anfänglich einen Weg, die Auseinandersetzung mit den Dingen, die hochkommen, aufzuschieben. Aber wenn es offensichtlich wird, daß eine Übertragungsdynamik vorliegt, dann haben wir die Wahl, das entweder anzuerkennen und es durchzuarbeiten, oder es zu ignorieren.

Die Entscheidung für eine Auseinandersetzung mit dieser Problematik führt schlußendlich zu einer größeren Reife. Verweigerung aber führt entweder zu einer Wiederherstellung der früheren Verdrängungsmechanismen oder zum Ausweichen in eine Scheinwelt, in der die negativen Illusionen der Übertragung an die Stelle der Realität treten. In diesem Fall kommt der Reifeprozeß des Christen zum völligen Stillstand.

Sigmund Freud erkannte diese Weigerung bei einigen seiner Patienten und nannte sie „Übertragungswiderstand". In diesen Fällen beschrieb er die Übertragung als eine ausschließlich negative, bei der es keine positiven Elemente mehr gab.

Freud stellte dem die Fälle gegenüber, die von Ambivalenz gekennzeichnet waren. Ein Beispiel für diese hoffnungsvolle

Form von Ambivalenz ist die Frau, die glaubt, der Therapeut lehne sie ab wie einst ihr Vater, während sie zugleich insgeheim spürt, daß sie in ihn verliebt ist, und sich an der Überzeugung festklammert, er könne ihr helfen.

Wenn es bei der Übertragung nicht mehr die positive Seite der Ambivalenz als Gegenüber zur negativen gibt, dann ist nach Freuds Meinung auch die Möglichkeit einer Heilung verlorengegangen: „Wo die Übertragungsfähigkeit im wesentlichen negativ geworden ist, wie bei den Paranoiden, da hört die Möglichkeit der Beeinflussung und der Heilung auf.“ [2)]

Übertragungswiderstände kommen auch in einem nichtklinischen Umfeld vor. So erzählte mir ein Geistlicher, wie er von einer Frau, die als Buchhalterin seiner kleinen Landgemeinde arbeitete, aufs Genaueste beobachtet und kritisiert wurde. Ihr Hintergrund bestand in traumatischen Erlebnissen von Verrat und Mißhandlung durch Männer. Ohne daß der Pfarrer davon wußte, war sie früher oft aus Gemeinden weggegangen, nachdem sie den jeweiligen Pastor aufs Schwerste kritisiert hatte.

Im Verlauf mehrerer Monate wurde sie auch ihm gegenüber mißtrauisch und beschuldigte ihn, nicht korrekt mit den Finanzen der Gemeinde umzugehen. Als sich der Kirchenvorstand der Sache annahm, stellte er fest, daß sich der Pfarrer untadelig verhalten hatte. Die Frau bestand aber weiterhin auf ihren Anschuldigungen. In der Zwischenzeit hatte der Pfarrer sehr viel Geduld mit ihr und ließ sie weiter die Buchhaltung machen, da er keine Ahnung von der Dynamik einer Übertragung hatte. Er hoffte, sie würde es mit der Zeit lernen, ihm zu vertrauen, wenn er ihr genügend Unterstützung zeigte.

Aber innerhalb von ein paar Wochen verschlimmerte sich die Situation. Ihre Beschuldigungen wurden immer umfassender und grotesker. Schließlich verließ sie die Gemeinde und drohte, ihn vor Gericht zu bringen. Erst jetzt sprach der Pfarrer mit Pastoren ihrer früheren Gemeinden, die alle von ähnlichen Problemen berichteten. Traurigerweise schien die Heftigkeit und die Schwere ihrer Vorwürfe bei jeder neuen Gemeinde noch zu wachsen.

Diese unglückliche Frau war in einem Verhaltensmuster der Selbsttäuschung gefangen. Sie schien in dem Chaos, das sie überall herbeiführte, richtig aufzublühen. Sie lebte in einer ganzen Reihe von Beziehungen, die durch Übertragungwiderstände gekennzeichnet waren, ganz ähnlich den Patienten, für die Freud keine Hoffnung auf Veränderung sah.

Unser verzweifelt krankes Herz

Was machen wir mit einem solchen Verhalten? Zum Glück braucht man dafür keine Ausbildung in Psychologie. Einfach gesagt, haben wir als gefallene Geschöpfe eine starke Neigung, immer neue Wege zu finden, um das, was wir einmal verdrängt haben, in Zukunft zu vermeiden. Oft haben wir Angst vor dem Leid, das uns erwartet, wenn wir uns der Realität stellen mit all ihren Defiziten aus der Vergangenheit, den schmerzhaften Erinnerungen und überwältigenden Emotionen.

Der Impuls, den Schmerz zu vermeiden, indem man in einem gewissen Grad von Unwirklichkeit lebt, ist ein Ausdruck für die Gefallenheit des menschlichen Herzens. Der Prophet Jeremia schrieb einst dazu: „Arglistig ohnegleichen ist das Herz und unverbesserlich. Wer kann es ergründen?" (Jeremia 17,9 EÜ). Das Phänomen der Übertragung sollten wir in diesem Zusammenhang verstehen: Sie ist ein Ausdruck der Arglistigkeit des Herzens. Letztlich stellt sie einen falschen und illusionären Weg dar, Beziehungen aus der *Gegenwart* als Schutzmechanismus gegen die Auseinandersetzung mit schmerzhaften Beziehungen aus der *Vergangenheit* zu mißbrauchen.

Ich habe diese Dynamik auch im Leben reifer Christen beobachtet, die anfingen, sich den schmerzhaftesten Teilen ihrer Vergangenheit zu stellen. In dem Moment, als die Schlüsselerinnerungen an die Oberfläche kamen, fingen sie sofort mit einer Übertragung auf diejenigen an, die ihnen am besten helfen konnten. Zugleich konnten sie aber ihre Übertragungen nicht zugeben; deshalb konnten sie auch ihre verzerrte Wahrnehmung nicht richtigstellen. Darüber hinaus fanden sie Gründe, um den Leuten, die ihnen hätten helfen können, die Gemeinschaft aufzukündigen. So bleiben sie schließlich in ihrer pervertierten Wahrnehmung geradezu „eingefroren" bis zu dem Zeitpunkt, wo sie ihre verdrängten Probleme erfolgreich durcharbeiten können.

Ich selbst erlebte bei meiner Übertragung gegenüber Cindy diesen Kampf mit der Selbsttäuschung. Als sie mir zum ersten Mal die Tatsache vorhielt, daß in meiner Wahrnehmung von ihr etwas furchtbar falsch war, stritt ich es ab und flehte sie an, die Dinge „richtig" zu sehen. Dabei versuchte ich, sie und alle anderen zu manipulieren, die Sachlage mit meinen Augen zu sehen. Ich klammerte mich stur an meiner falschen Überzeugung fest, daß ihre Handlungen die Ursache meiner Angst, Einsamkeit, Traurigkeit und Depression waren.

Als ich schließlich einräumte, daß ich sie falsch sah, stellte ich mich der Realität, daß mein gegenwärtiges emotionales Leid in meiner Kindheit wurzelte. Aber ich pendelte immer wieder zwischen dem Wissen um die Wahrheit und einem neurotischen Grübeln über einer völlig unwahren Sichtweise hin und her – daß nämlich Cindy doch an meinen Schmerzen schuld wäre.

Mein von Gott neugeschaffenes Herz und sein Verlangen, das Wahre zu lieben,[3)] lag im Konflikt mit dem arglistigen Streben meines gefallenen Ichs, an dem Falschen festzuhalten. Wenn ich im Gebet war, konnte ich mich manchen der frühkindlichen Schmerzen stellen und Gottes heilende Berührung empfangen; mein Denken wurde dann klarer. Aber dann brauchte es manchmal nur einen Tag, bis noch mehr an Schmerz hochkam und ich wieder in meine alten Gedankenmuster zurückfiel und Cindy die Schuld gab. Mein arglistiges Herz beschäftigte sich erneut damit, ihre Fehler systematisch und aggressiv zu analysieren, egal ob sie echt oder nur eingebildet waren. Auf diese Weise vermied ich es erfolgreich, meine eigenen Emotionen anzuerkennen und mich den zugrundeliegenden Erinnerungen zu stellen. Dieser Kampf zwischen dem alten und dem neuen Selbst dauerte etwa fünf Monate.

Dem Stolz Raum geben

Die trügerische Natur unseres Herzens will mehr, als nur einfach die schmerzhafte Wahrheit über sich und andere zu vermeiden. Mit seinen sündhaften Bestrebungen versucht es darüber hinaus, die Realität so umzuformen, daß sie seinem stolzen, überhöhten Selbstbild entspricht. Wird dieser Stolz im Herzen nicht als Sünde bekannt, dann ist der Betreffende nicht in der Lage, seine falschen Wahrnehmungen und Fehlurteile loszulassen.

Ein Herz voller Stolz weigert sich, die Verantwortung für sündhafte Haltungen und Handlungen zu übernehmen. Es steht damit einer objektiven Bestandsaufnahme der Vergangenheit mit ihren schmerzhaften Realitäten, die Licht auf die heutige Verwirrung werfen würden, im Weg. Unglücklicherweise blockiert dieser Stolz auch den Rat und die Hilfe anderer, die nicht das eigene liebgewonnene Selbstbild unterstützen. Dieses Selbstbild kann unterschiedlich ausfallen; es kann die eigene Vollkommenheit, die eigene Opferrolle oder irgendetwas anderes zum Inhalt haben. Tragischerweise blockiert dieser Stolz auch die Fähigkeit des Betreffenden, etwas von Gott zu empfangen, sei es auf direktem Weg oder durch den Dienst anderer Menschen.

Ich habe leider erleben müssen, daß Menschen, die ich kannte, solchem Stolz in ihrem Herzen Raum gaben. Wenn man sie auf die Tatsache ihrer Übertragung ansprach, behaupteten sie hartnäckig, daß ihre Kindheit glücklich gewesen sei, auch wenn sie sonst nur allzu genau um die Fehler ihrer Eltern und die Schmerzen ihrer Kindheit wußten.

In einem Fall, der mir im Gedächtnis haften blieb, hatte ich einen Mann mittleren Alters kennengelernt, der mir im Verlauf eines Jahres wiederholt von der schlechten Behandlung durch seine Eltern, Schwestern und Großeltern erzählte. Er war als Kind regelmäßig von Familienangelegenheiten ausgeschlossen worden, wurde ohne Grund mißtrauisch behandelt und ungerecht gezüchtigt – all das nur aus dem einen erklärten Grund, daß er ein Junge war.

Nach ein paar Jahren traf ich ihn kurz nach dem Tod seines Vaters wieder, um mit ihm über eine Schwierigkeit zu beten, die zwischen ihm und seinem Pastor bestand. Als ich ihm über seine Herkunftsfamilie Fragen stellte und versuchte, das mit seiner gegenwärtigen Fehlwahrnehmung des Pastors in Verbindung zu bringen, änderte er plötzlich die Geschichte seiner Kindheit. Jetzt bestand er darauf, daß er sich immer von seinen Eltern geliebt gefühlt hätte und seinem Vater ganz besonders dankbar wäre für all das, was er von ihm gelernt hatte.

Außerdem fühlte er sich sehr beleidigt, als ich ihn an die unglücklichen Tatsachen erinnerte, die er mir früher erzählt hatte. Jetzt entschuldigte er das Verhalten seiner Familie ihm gegenüber dadurch, daß sie aus der „Arbeiterschicht“ stammte und dies auch mit ihrem ethnisch-kulturellen Hintergrund zu tun habe. Ebenso entschuldigte er sein eigenes Verhalten am Arbeitsplatz, das ihn seinen Job gekostet hatte. Statt dessen gab er den „Vorurteilen“ seines Arbeitgebers gegen die Art und Weise, wie er seinen Zorn zum Ausdruck brachte, die Schuld. Und jetzt war er auch zutiefst zornig auf seinen Pastor, weil dieser bestimmte Schritte unternommen hatte, um sich vor ihm zu schützen.

In all dem gab es nur flüchtige Momente der Reue über sein eigenes Verhalten. Er war nicht in der Lage, seinen Stolz zu bekennen, geschweige denn seinen Zorn, und konnte deshalb noch nicht einmal den ersten Schritt machen, um seine Übertragung auf seinen Pastor zu lösen.

Widerstand gegen Liebe

Stolz verhindert auch, daß das Herz sich öffnet, um Heilung zu empfangen. Die dazu nötige Haltung des Empfangens steht zu jeder Form von Stolz in einem krassen Widerspruch. Ein Mann, der aufgrund eines Mangels an Mutterliebe unter Übertragung leidet, kann sich beispielsweise weigern, für sich beten zu lassen und die liebevolle Berührung durch andere zu empfangen, die er so dringend bräuchte. Statt dessen klammert er sich an die Vorstellung, daß Gott ihn in der Abgeschiedenheit seines Gebetskämmerchens heilen wird, so daß er sich anderen gegenüber nicht öffnen muß. Dadurch würde er demütig und verletzlich.

Der Philosoph Josef Pieper schrieb über diese menschliche Neigung, der Liebe zu widerstehen:

> Es gibt jedoch im Menschen auch die Tendenz, sich gegen solche, das eigene Dasein ungefragt und ungeschuldet bewirkende, schöpferische Liebe gerade zu wehren. Ungeschuldet ist im Grunde jede Liebe. Man kann sie weder verdienen noch fordern; sie ist immer ein reines Geschenk. ... Aber es scheint im Menschen so etwas zu geben wie einen Widerwillen gegen das Beschenktwerden. Niemandem ist es völlig unvertraut, zu denken: Ich will nichts geschenkt! Und diese Regung grenzt dann unheimlich nahe an die andere: Ich will nicht „geliebt“ werden, und schon gar nicht ohne Grund! Von Nietzsche stammt die scharfsichtige Bemerkung, „ehrsüchtige Menschen“, also Menschen, denen vor allem die eigene Bedeutung wichtig ist, seien „gegen das Geliebtwerden widerspenstig“. Und C. S. Lewis sagt, die schlechthin ungeschuldete Liebe sei zwar das, was wir brauchen, jedoch keineswegs die Sorte Liebe, die wir wünschen. „Wir wünschen geliebt zu werden wegen unserer Klugheit, Schönheit, Großzügigkeit, Nettigkeit, Brauchbarkeit.“ [4)]

Stolz liegt also nicht nur im Widerstreit mit dem Eingeständnis unserer Übertragung, sondern verhindert auch, daß wir die Gnade, die Gott uns schenken möchte, empfangen. Erst wenn dieser Stolz als Sünde bekannt und überwunden ist, kann der Heilige Geist die Übertragung benützen, um unsere Wahrnehmungsfähigkeit so umzuerziehen, daß wir die Dinge erkennen, wie sie sind. Ebenso kann die Liebe, die Gott uns zukommen lassen möchte – sozusagen das göttliche Heilmittel für unsere menschlichen Defizite –, nur in einer Haltung der Demut empfangen werden.

Der Herr weist die stolzen und murrenden Israeliten an:

> Ich bin der Herr, dein Gott, der dich aus Ägyptenland geführt hat: *Tu deinen Mund weit auf, laß mich ihn füllen!*
> Aber mein Volk gehorcht nicht meiner Stimme, und Israel will mich nicht.
> So hab ich sie dahingegeben in die Verstocktheit ihres Herzens, daß sie wandeln nach eigenem Rat.
> Wenn doch mein Volk mir gehorsam wäre und Israel auf meinem Wege ginge!
> Dann wollte ich seine Feinde bald demütigen und meine Hand gegen seine Widersacher wenden!
> Und die den Herrn hassen, müßten sich vor ihm beugen, aber Israels Zeit würde ewiglich währen,
> *Und ich würde es mit dem besten Weizen speisen und mit Honig aus dem Felsen sättigen.*
> Psalm 81,11-17 (Hervorhebung von der Verf.)

Was Gott für die Israeliten tat, tut er auch für seine leidenden Kinder heute: Er bietet uns seine umfassende Versorgung für unsere tiefsten Nöte und Bedürfnisse, und zwar für alle. Aber wir müssen unsere Bedürftigkeit anerkennen und mit demütigem und dankbarem Herzen die Speise, den Trost und die Versorgung empfangen, die Gott uns sendet.

Um die Heilung zu empfangen, die Gott uns umsonst zukommen läßt, müssen wir lernen, sie in der Form anzunehmen, die er wählt, statt zu verlangen, daß er unsere Bedürfnisse so stillt, wie wir es uns vorstellen. In den meisten Fällen kommt eine dauerhafte Heilung nicht plötzlich und dramatisch wie ein Blitz aus heiterem Himmel. Wer solches von Gott erwartet – und sogar fordert –, muß seine Vorstellungen über Heilung oft ganz bewußt aufgeben.

In Teil 3 werden wir uns weiter damit beschäftigen, wie man mit Übertragung umgeht und sie durch alltägliche geistliche Übungen wie Vergebung und Umkehr überwindet. Aber zuerst wenden wir uns in Teil 2 den Merkmalen zu, an denen man Übertragung in der Gemeinde erkennen kann.

Teil 2

Übertragung in Kirche und Gemeinde

Kapitel 6

Offene Streitsucht

Obwohl der Begriff *Übertragung* erst anfangs des zwanzigsten Jahrhunderts geprägt wurde, gibt es das dadurch beschriebene Verhalten schon seit Jahrhunderten. Die ganze Schrift erzählt die Geschichte des gefallenen Menschen und seines Bedürfnisses, sich von dem zu distanzieren, was ihn verletzt – ob es das schmerzhafte Anerkennen der eigenen Sünde ist oder das Erschrecken davor, sich dem zu stellen, was uns andere angetan haben. In der Bibel macht eine Erzählung nach der anderen deutlich, welche außergewöhnlichen Anstrengungen Menschen unternehmen, um Leiden zu vermeiden. Und das liefert das Material für Übertragungen.

Biblische Texte offenbaren auch das Ausmaß der Zerstörung, die durch Übertragung auf christliche Leiter angerichtet wird. Wenn wir uns in Teil 2 jetzt die Auswirkungen dieser Problematik in Kirche und Gemeinde ansehen, dann beginnen wir mit einem bekannten Mann, der vor langer Zeit gelebt hat.

Starke Männer drehen durch

Als König David und seine Männer aus der Schlacht zurückkehrten, wartete ein furchtbarer Schock auf sie. Ihre Stadt war niedergebrannt, und die Amalekiter hatten ihre Frauen und Kinder als Gefangene weggeführt. Natürlich waren David und seine Männer von Zorn und Schmerz überwältigt, und sie erhoben „ihre Stimme und weinten, bis sie nicht mehr weinen konnten.“ [1)]

Plötzlich und unerwartet aber schlug der Haß der Männer um und richtete sich von den Amalekitern auf David, der gerade noch mit ihnen zusammen ihren Verlust betrauert hatte. All ihre Wut auf die Amalekiter schlug über David zusammen und steigerte sich bis zum Gedanken an Mord. David mußte um sein Leben fürchten: „David geriet in große Bedrängnis, weil die Leute ihn steinigen wollten."

Für diesen plötzlichen Umschwung bei den treuen Anhängern Davids und die Verlagerung der Schuldproblematik gab es keinen vernünftigen Grund. Aber dieser Umschwung zeigt deutlich, wie Menschen, die schweren Schmerz erleiden, ihren Zorn häufig auf diejenigen richten, die ihnen am nächsten stehen, statt auf die, die wirklich dafür verantwortlich sind. Und es fiel den Männern leichter, David die Schuld zu geben, als Gott zu suchen, um die Kraft zu bekommen, sich aus dem Schmerz zu erheben und den eigentlichen Feinden, den Amalekitern, entgegenzutreten.

Das ist der Kern von Übertragung. Wenn das Leid der Vergangenheit nicht durch gegenseitige Vergebung gelöst worden ist, sucht die Seele nach einem anderen „Sündenträger". Hier versuchten die Männer, ihre Wut abzulassen, indem sie David die Sünde der Amalekiter aufluden. Hätte er ihnen nicht Einhalt geboten, hätten sie auf ihre Weise nach Gerechtigkeit gestrebt und ihn umgebracht.

Ein Leiter hat einen riskanten Job

Davids Geschichte illustriert, wie insbesondere Führungspersönlichkeiten und Leiter oft zum Gegenstand von Übertragungen werden. Die Gewaltbereitschaft bei Davids Männern ist deshalb so schockierend, weil wir an anderen Stellen von ihrer einzigartigen Loyalität lesen. Die tiefe Liebe zu David war tatsächlich eine Vorbedingung für die Übertragung, weil ihre Beziehung einer Vertrauensbeziehung zwischen Eltern und Kind ähnelte. Ihr gemeinsames Leiden unter der Verfolgung durch Saul hatte ein tiefes gemeinsames Band geschmiedet.

Zudem war David eine Autoritätsperson; auch darin ähnelte er den Eltern. Die Verbindung von gegenseitigem Vertrauen und Autorität, die ein so grundlegendes Element für eine effektive Leitungsrolle darstellt, lieferte zugleich die perfekte Umgebung für eine Übertragung.

Jede Beziehung, die Ähnlichkeiten hat mit der zwischen Eltern und Kind, ist anfällig für Übertragung. So war meine Beziehung zu Cindy für Übertragungen in zweierlei Hinsicht geeignet: Zum einen war durch das gemeinsame Gebet und den Dienst viel

Vertrauen zwischen uns gewachsen. Zum anderen war ich auf ungesunde Weise von ihr emotional abhängig – eine verzerrte Nachahmung der Abhängigkeit eines Kindes von seiner Mutter. Eine derartige Wiederholung der Eltern-Kind-Beziehung kann auch in Ehen auftreten, in der Arbeit und im Büro, zwischen Arzt und Patienten, in der Mitarbeiterschaft einer Gemeinde und in Dienstteams.

Wenn christliche Leiter ein paar solche Erfahrungen wie David gemacht haben, reagieren einige von ihnen darauf, indem sie sich isolieren oder auf Distanz gehen. Sie wirken dann manchmal innerlich abgehoben. In dem Versuch, schmerzhafte Projektionen zu vermeiden, verzichten sie auf warmherzige und vertrauensvolle Freundschaften mit Menschen, für die sie zuständig sind.

Aber zu einer Übertragung kann es auch beim Fehlen einer echten Beziehung kommen. Bei einem Seminar von Pastoral Care Ministries werden die Verantwortlichen beispielsweise zum Objekt starker, nahezu sofort auftretender Übertragungen durch völlig Fremde, weil sie Vaterschaft, Mutterschaft und Autorität symbolisieren. Diese Symbole allein reichen schon aus, um die ungelösten Schwierigkeiten eines Menschen hochkommen zu lassen.

Ein weiterer Grund, warum christliche Leiter besonders anfällig für eine solche Beziehungsdynamik sind, liegt in ihrer Berufung, den Zerbrochenen zu dienen. Davids Männer, die in den Jahren der Verfolgung treu zu ihm hielten und am Ende den Ehrentitel „Davids Helden“ bekamen, waren am Anfang ein verzweifelter Haufen von Taugenichtsen. Die Bibel sagt über sie: „Und es sammelten sich bei ihm allerlei Männer, die in Not und Schulden und verbitterten Herzens waren, und er wurde ihr Oberster“ (1. Samuel 22,2).

Natürlich wußte David von Anfang an um das Risiko, das er mit diesen Männern einging. Trotzdem nahm er sie wie Brüder und Söhne auf. In ähnlicher Weise scharten sich Menschen mit allen möglichen Problemen um Jesus. Und auch er zögerte wie David nicht, sie in all ihrer Not einzuladen, seine Jünger zu werden.

Das gleiche gilt auch heute noch. Der Herr scheint eine besondere Freude daran zu haben, sein Reich durch die Armen im Geiste zu bauen. Deshalb gehört die Möglichkeit bzw. Wahrscheinlichkeit von Übertragung zu den Risiken, die ein Leiter im Reich

Gottes eingehen muß. Solange diese Menschen in ihrer Bedürftigkeit keine Heilung empfangen, gehen diejenigen, die ihnen dienen oder die Seite an Seite mit ihnen im geistlichen Dienst stehen, das Risiko ein, zum Objekt einer Übertragung zu werden. Das gilt auch noch für den Verlauf des Heilungsprozesses. So besteht die Herausforderung für einen Leiter nicht nur darin, diese Dynamik zu identifizieren; er muß auch sicherstellen, daß das Werk des Reiches Gottes trotzdem (und vielleicht gerade dadurch) geschieht.

Gemeindekonflikte

Ein weiterer Faktor, den Leiter in Betracht ziehen müssen, ist der Zustand der Gemeinde Jesu in der heutigen Zeit. Die Leute haben nicht mehr wie früher einen unbedingten Respekt vor Geistlichen. Dieser Respekt beugte früher manchen Rachegelüsten vor. Zudem haben öffentliche Skandale um christliche Leiter der weitverbreiteten Mißachtung Vorschub geleistet. Und das an sich wertvolle demokratische Prinzip der freien Meinungsäußerung ist oftmals in einen Hang zu überzogener Kritik, Verunglimpfung und Verleumdung umgeschlagen.

Diese veränderte gesellschaftliche Realität wurde mir in Gesprächen mit römisch-katholischen Ordensmitgliedern in Europa besonders deutlich, die immer noch ihre mittelalterliche Tracht tragen. Dort wird dem Klerus oft noch eine gewisse Hochachtung entgegengebracht, besonders unter den Gläubigen. Sie erzählten mir, daß bei ihnen der Priester fast nie zum Objekt von Übertragungen wird, dafür umso stärker Laien in Leitungspositionen. Und obwohl es natürlich viele Probleme mit Übertragung gibt, genießen Kleriker aufgrund der Achtung vor ihrem Amt noch ein gewisses Maß an Schutz.

Im Unterschied dazu können christliche Leiter in den USA trotz ihres Amtes auf keinerlei Immunität gegenüber Übertragungen hoffen. Genau genommen trifft sogar das Gegenteil zu: Sie werden mit höherer Wahrscheinlichkeit zum Opfer von Übertragung.

Auch das häufige Auftreten und die Akzeptanz von Konflikten in vielen Gemeinden weist in diese Richtung. Unversöhnliche Streitigkeiten zwischen Pastoren und Gemeinden scheinen sich besonders in protestantischen Kreisen wie eine Seuche zu verbreiten. *Leadership,* ein angesehenes Magazin für Pastoren und

Leiter, widmete ein ganzes Heft diesem Problem. Die dort genannten Statistiken sind beunruhigend: „Bei unserer Untersuchung gaben 62 Prozent der von ihrer Gemeinde entlassenen Pastoren an, die Gemeinde habe das gleiche schon vorher mit anderen gemacht. Von denjenigen, die berichteten, auch ihr Vorgänger sei entlassen worden, gaben 41 Prozent an, daß die Gemeinde dies mehr als zweimal getan hatte.“ [2)]

Der verwunderte Ton dieses Magazins liegt wahrscheinlich daran, daß die Autoren die Bedeutung von Übertragung für Gemeindekonflikte nicht kannten und deshalb das Problem auch nicht identifizieren konnten. Das Gegenmittel gegen solch eine Epidemie dürfte nicht einfach sein. Es beginnt mit dem Verständnis dafür, wie sich Übertragung typischerweise in einem gemeindlichen Umfeld abspielt.

Ich habe hier zwei klare Muster von Übertragungsvorgängen identifizieren können. Der erste liegt *offen* zutage und ist von *Streitsucht* gekennzeichnet; er wird häufig mit einem gewöhnlichen Konflikt verwechselt. Schwieriger zu erkennen ist die zweite, *verdeckte* Form von Übertragung, die sich durch *Zwietracht* auszeichnet. Übertragungen dieser Art werden im nächsten Kapitel beschrieben. Sie tun ihr zerstörerisches Werk manchmal über Jahre hinweg, ohne daß sie entdeckt werden.

Die endlosen Argumente der Streitsucht

Nachdem er mich über das Thema Übertragung hatte sprechen hören, erzählte mir ein Pfarrer von der Situation in seiner kleinen Landgemeinde. Er hatte kurz davor gestanden, seine Stelle zu verlieren – oder sie aus Erschöpfung von sich aus aufzugeben –, weil ein ursprünglich recht kleinkarierter Vorwurf ihm gegenüber eskaliert war.

Die Schwierigkeiten begannen mit dem Vorwurf der Gemeindesekretärin, er würde in dem Materialschrank der Gemeinde keine Ordnung halten. Die Sekretärin sammelte eifrig jeden noch so winzigen Hinweis darauf, daß der Pfarrer in der Verwaltung ein Versager sei, und erzählte ihre Ergebnisse jedem, der es hören wollte. Schließlich beschäftigten sich ganze Kirchenvorstandssitzungen mit der Überprüfung ihres Materials.

Nach mehreren Monaten verlagerte sich die Diskussion und wurde zu einer Debatte darüber, was die Bibel über Pastoren lehre. Es ging hauptsächlich darum, ob ein Pastor nach der Bibel

Verwaltungsfähigkeiten haben müsse oder ob Verwaltung ein völlig anderes Amt sei. Das führte natürlich zu hitzigen Diskussionen über das Gemeindebudget, über die Frage, ob sich die Gemeinde zwei Pastoren erlauben könne, und wer für den Mangel an Geldern verantwortlich wäre.

Schließlich war die ganze Gemeinde nur noch mit diesem Thema befaßt und tief gespalten. Über ein Jahr verbrachte der Pfarrer den Großteil seiner Zeit damit, sich gegen Angriffe auf seinen Charakter und seine Qualifikationen zum geistlichen Dienst zu verteidigen. Er fühlte sich durch die kleinliche Kritik bis zum Wahnsinn getrieben. Das Geringste, was er sagte und tat, ganz zu schweigen von seinen echten Fehlern und Defiziten, wurde psychologisch analysiert, diskutiert und anhand der Schrift „gerichtet".

Diese Geschichte ist ein Beispiel für die Streitsucht, die gewöhnlich mit Übertragung einhergeht. Die Sekretärin war wie ein Detektiv oder Rechtsanwalt nur noch damit beschäftigt, Einwände gegen ihn zusammenzutragen. Ihr Handeln zeigte eine Form mentaler Zwangsvorstellung, und sie verbreitete ihre hyperkritische Haltung mit ihrem endlosen Argumentieren über die Defizite des Pfarrers in der ganzen Gemeinde.

Als der Pastor versuchte, sich vor dem Kirchenvorstand Punkt für Punkt gegen diese Vorwürfe zu verteidigen, wurde er schließlich selbst in die Streitereien hineingezogen. Die intensiven Auseinandersetzungen und Debatten boten der Sekretärin eine eigenartige Befriedigung für ihr starkes Bedürfnis nach Beziehung zu anderen Menschen. Ihr Bedürfnis wurzelte in der Erfahrung, daß ihre Eltern sich scheiden ließen, als sie ein Teenager war. Die sich anschließenden jahrelangen Klagen ihrer Mutter über ihren Vater hatten sie dann sehr geprägt. So wurde sie nicht nur von dem Zorn auf ihren Vater umgetrieben, sondern lebte auch das Vorbild aus, das ihr ihre Mutter gegeben hatte.

Manche Menschen blühen in Konflikten auf

Sams Übertragung ist ein weiteres Beispiel dafür, wie diese Dynamik zu Konfrontationen führt, die in seltsamer Weise das Bedürfnis nach Verbindung zu anderen Menschen befriedigen. Sam war Teil eines Gemeindeleitungsteams und bat um einen Termin bei seinem Pastor, um bestimmte Beschwerden zu besprechen. Da die beiden lange Zeit befreundet waren, ging der Pastor gerne darauf ein und war zuversichtlich, daß sie die Dinge regeln könnten.

Bei ihrem ersten Treffen hörte sich der Pastor vier Stunden lang Sams Vorwürfe an. Danach versuchte er erst einmal, Kommunikationsfehler und Mißverständnisse zu klären. Sam war die ganze Zeit emotional unter Druck; zuerst kochte er vor Zorn und schließlich weinte er vor Reue. Das Treffen endete damit, daß sie sich gegenseitig vergaben und ihre Versprechen, miteinander im geistlichen Dienst zu stehen, erneuerten.

Der Pastor erkannte nicht, daß sein Freund in einer Übertragung steckte, und hielt mit diesem Gespräch die Schwierigkeiten für gelöst. Aber schon nach einer Woche bekam er erneut einen problematischen Anruf von Sam. Es kam zu einem weiteren ausgedehnten Treffen, in dem exakt die gleichen Probleme wie beim ersten Mal besprochen wurden.

Nach drei oder vier solcher Treffen erkannte der Pastor schließlich, daß die Situation sich nur mehr verschlimmerte. Freundlich, aber bestimmt lehnte er daraufhin Sams Forderungen nach weiteren Begegnungen ab und bat andere, sich mit ihm zu treffen. Sam war zutiefst verletzt und verließ schließlich die Gemeinde.

Im Rückblick erkannte der Pastor, daß Sam unter Übertragung gelitten hatte. Und er sah, daß die Begegnungen, auf denen Sam so sehr bestanden hatte, der Versuch waren, mit ihm auf einer übertrieben emotionalen Ebene in Kontakt zu kommen, und zwar als Ersatz für eine gesunde Beziehung. Sam blühte in diesen Konflikten richtiggehend auf, wie er zu spät bemerkte.

Die Schrift mißbrauchen

Unter Christen wird bei einer Übertragung gerne die Schrift mißbraucht, um jemand anderen anzuklagen und zu richten. Mein Streit mit Cindy macht dies deutlich: Ich benutzte die Bibel, um Cindy so scharf zu durchleuchten, wie es ein Anwalt bei einem Prozeß mit Gesetzen und Präzedenzfällen getan hätte. Ich bot auch richtiggehend Zeugen auf, wenn ich mit unseren gemeinsamen Freunden über Cindy sprach. Und als ich sie schließlich zur Rede stellte, benutzte ich die Aussagen der Schrift, um meine Ansprüche zu untermauern.

Genauso benutzten auch die Leute in dem Fall des oben geschilderten Pastors die Bibel als Gesetz, nach dem sie ihn richteten. Streitsüchtige Christen glauben oft, daß sie eine besondere Einsicht in die Schrift und in den Charakter dessen haben, den sie ihrer Überprüfung unterziehen.

Außerdem wird die Schrift oftmals mißbraucht, indem man das Modell der Konfrontation von Sünde aus Matthäus 18,15-17 falsch verwendet.

> Sündigt aber dein Bruder an dir, so geh hin und weise ihn zurecht zwischen dir und ihm allein. Hört er auf dich, so hast du deinen Bruder gewonnen. Hört er nicht auf dich, so nimm noch einen oder zwei zu dir, damit jede Sache durch den Mund von zwei oder drei Zeugen bestätigt werde. Hört er auf die nicht, so sage es der Gemeinde. Hört er auch auf die Gemeinde nicht, so sei er für dich wie ein Heide und Zöllner.

In solchen Fällen wird das Objekt der Übertragung mit einer langen Liste von Beschwerden konfrontiert, von denen die meisten übertrieben oder gänzlich erfunden sind. Der Leiter befindet sich damit in einer unmöglichen Situation. Wenn er versucht, demütig und offen zu sein, wird er bald feststellen, daß jedes Zugeständnis, das er macht, später gegen ihn verwendet wird. Wenn er sich weigert, auf die Anklagen einzugehen, dann fühlt sich derjenige, der sich in der Übertragung befindet, umso mehr im Recht, und wird versuchen, immer mehr Menschen als Zeugen in den Konflikt hineinzuziehen.

Hier wird das, was Jesus lehrt, falsch angewendet. Die eigentliche Sünde, die zu bekennen ist, liegt wie der ganze Konflikt, den es zu lösen gilt, nicht auf seiten des Pastors, sondern in der Vorgeschichte des Beschwerdeführers.

Wenn eine Übertragung erkannt und anerkannt worden ist, kann man Matthäus 18 in rechter Weise anwenden, nämlich umgekehrt, um die Sünden gegenüber dem Pastor zur Sprache bringen. Mit diesem Modell kann man dann die Sünden von Klatsch, Verleumdung, Streitsucht, Parteilichkeit, Neid etc. angehen.

Eine verkehrte Vermittlung

Bei dem Versuch, eine von Übertragung geprägte Situation zu lösen, wird häufig noch ein weiterer Fehler gemacht: der Einsatz von Konfliktlösungsstrategien, die auf Kommunikation basieren und meist die Hilfe eines Moderators voraussetzen. Damit dieses

Modell Erfolg haben kann, müssen beide Seiten objektiv und rational vorgehen. Aber weil Übertragung von ihrem Wesen her subjektiv und irrational ist, kann diese Strategie in solch einem Fall nicht funktionieren.

Tatsächlich dient schon das Einschalten eines Moderators dazu, die Agenda des Klägers zu untermauern. Darüber hinaus wird dadurch der falsche Eindruck erweckt, daß ein Konflikt vorliegt, an dem beide Seiten Schuld tragen. Es mag sogar angebracht erscheinen, daß der Moderator eine legitime Überprüfung des Charakters eines Beteiligten durchführt.

Wenn die Übertragung noch gar nicht erkannt und benannt wurde, kann die Einschaltung eines Moderators sogar die Lage verschlimmern. Das gilt besonders für den, der das Objekt der Übertragung darstellt. Ein Moderator kann in Wahrheit gar nicht helfen, bis die Übertragung mit all ihren Konsequenzen erkannt und als Sünde bekannt worden ist. Erst dann ist der Moderator in der Lage, echte problemlösende Gespräche zu ermöglichen.

Leanne Payne kommentiert diesen verkehrten Umgang mit Übertragung folgendermaßen:

> Ich habe festgestellt, daß die Unfähigkeit der Umgebung, diese Dinge zu verstehen, oft das größte Problem für denjenigen ist, der an Übertragung leidet. Wenn auch noch christliche Leitungspersonen diesen Mangel an Unterscheidungsvermögen teilen, wird die Krankheit des Betreffenden oft unheilbar verstärkt. Und es macht die Übertragung zu einer unerträglichen Last für denjenigen, der zur Zielscheibe der Verleumdungen geworden ist.
> Einige Pastoren und Gemeindeleiter, die aufgrund solcher Übertragungen in großen Nöten stecken, versuchen, sie nicht als solche zu behandeln, sondern als ein Problem, das endlos durchgesprochen und „schriftgemäß" angegangen werden muß. Ein ums andere Mal werfen sie dabei ihr Gewicht zugunsten des Irrenden in die Waagschale und verunglimpfen sogar noch das Opfer der Übertragung. Man mag es kaum glauben, daß es ihnen auch einige christliche Psychologen und Seelsorger gleichtun.[3)]

Übertragung kann, wie Leanne Payne bemerkt, selbst denjenigen verborgen bleiben, die dem Subjekt einer Übertragung am nächsten stehen. Das gilt umso mehr, wenn diese Person einen verborgenen Vernichtungsfeldzug führt.

Kapitel 7

Verdeckte Zwietracht

Wir haben im vorhergehenden Kapitel die offene, von Streitsucht geprägte Übertragung betrachtet, bei der es zu einer sichtbaren Konfrontation kommt. Wer zum Objekt einer Übertragung wird, weiß, weswegen und von wem er beschuldigt wird. In anderen Fällen aber hat er keine Chance, sich zu verteidigen. In solch einem Szenario arbeitet der Ankläger verdeckt und konfrontiert sein Ziel nur sehr selten. Dieses verdeckte Vorgehen erfordert ein hohes Maß an Verstellung, die Fähigkeit zur Geheimhaltung und eine starke intuitive Gabe, die emotionalen Schwächen und Verletzlichkeiten des anderen zu entdecken.

Diese unbekannten Widersacher spüren sehr schnell, ob sich jemand in eine Übertragung verwickeln läßt, ohne daß ihm das bewußt wird. Sie vermeiden es auch, andere miteinzubeziehen, die den Schleier ihrer Heimlichkeit lüften würden. Und sie schaffen es, bei denen, die sie in ihre Übertragungen mit hineinziehen, ein hohes Maß an Loyalität zu erzeugen. Menschen, die diese Anforderungen erfüllen, sind häufig recht begabt und erfolgreich; oft haben sie sich in ihrer Umgebung Achtung und Vertrauen erworben. Und deswegen sind sie die letzten, von denen man vermuten würde, daß sie jemandem übel gesonnen wären oder einen geistlichen Dienst untergraben würden.

Die Schrift hat einen Namen für diese negative, dunkle Seite der Intelligenz: *Zwietracht* oder *Uneinigkeit*; sie führt zur *Spaltung*. Von allen Sünden, die aus einer Übertragung hervorgehen, ist sie die destruktivste.

Vergewaltigung, Mord und Intrigen

Vom biblischen Standpunkt aus betrachtet, besteht die Sünde der Zwietracht darin, andere in die eigene Kritik an einem Leiter mit hineinzuziehen, um ihn zu stürzen oder seine Stellung einzunehmen. Das klassische Beispiel dafür findet sich in der Erzählung von Absalom aus dem 2. Buch Samuel, der sich gegen seinen Vater David versündigt.[1)]

Die Geschichte von Absaloms Zwietracht und seinen Intrigen gegen seinen Vater David beginnt damit, daß sein Halbbruder Amnon seine Schwester Tamar vergewaltigt. Aus Gründen, die nicht erwähnt werden, ließ sich David mit seiner Reaktion auf diesen furchtbaren Vorfall viel Zeit. Absalom aber war verständlicherweise angesichts der Tatenlosigkeit seines Vaters ungeduldig und wollte der Gerechtigkeit zum Sieg verhelfen. So nahm er zwei Jahre nach dem Vorfall die Sache selbst in die Hand und ließ Amnon ermorden.

Die Schrift berichtet nicht, ob er vor dieser Tat versucht hatte, seinen Vater zur Rede zu stellen. Danach hatte er mit Sicherheit keine Gelegenheit mehr dazu, da er sofort nach Geschur floh. Nach drei Jahren des Schweigens holte David seinen Sohn zurück nach Jerusalem. Absalom kehrte zurück, aber er mied seinen Vater zwei Jahre lang. Vielleicht war David damit zufrieden, denn es scheint, daß Joab, der Oberbefehlshaber des Königs, seine Aufgabe darin sah, Absalom von David fernzuhalten.

Schließlich aber begegneten sich die beiden doch. Die Schrift berichtet: „Und er rief Absalom, daß er hinein zum König kam; und er fiel nieder vor dem König auf sein Antlitz zur Erde, und der König küßte Absalom“ (2. Samuel 14,33). Es sieht so aus, als ob David Absalom vergeben hatte und bereit war, ihre gegenseitige Entfremdung zu ändern.

Aber im Fortgang der Geschichte wird deutlich, daß Absaloms Zorn und Bitterkeit gegenüber seinem Vater nicht im mindesten nachgelassen hatten:

> Auch machte sich Absalom des Morgens auf und trat an den Weg bei dem Tor. Und wenn jemand einen Rechtshandel hatte und deshalb zum König vor Gericht gehen wollte, rief ihn Absalom zu sich und sprach: Aus welcher Stadt bist du? Wenn der dann sprach: Dein Knecht ist aus dem und dem Stamm Israels, so sprach Absalom zu ihm: Siehe, deine Sache

> ist gut und recht; aber du hast keinen beim König, der dich hört. Und Absalom sprach: Oh, wer setzt mich zum Richter im Lande, daß jedermann zu mir käme, der eine Sache und Gerichtshandel hat, damit ich ihm zum Recht helfe! Und wenn jemand ihm nahte und vor ihm niederfallen wollte, so streckte er seine Hand aus und ergriff ihn und küßte ihn. Auf diese Weise tat Absalom mit ganz Israel, wenn sie vor Gericht kamen zum König. So stahl Absalom das Herz der Männer Israels.
>
> 2. Samuel 15,2–6

Absalom verfolgte diese verdeckte Kampagne am Stadttor vier Jahre lang. Nachdem er sich die Gunst der Massen gesichert hatte, bat er seinen Vater um die Erlaubnis, nach Hebron gehen zu dürfen: „Ich will hingehen und mein Gelübde in Hebron erfüllen, das ich dem Herrn gelobt habe." Der König, der von seinen geheimen Absichten nichts ahnte, ließ ihn im Frieden ziehen. Dann geschieht folgendes:

> Absalom aber hatte heimlich Boten ausgesandt in alle Stämme Israels und sagen lassen: Wenn ihr den Schall der Posaune hört, so ruft: Absalom ist König geworden zu Hebron. Es gingen aber mit Absalom zweihundert Mann von Jerusalem, die geladen waren, und sie gingen ohne Argwohn und wußten nichts von der Sache. Als aber Absalom die Opfer darbrachte, sandte er auch zu Ahitofel, dem Giloniter, Davids Ratgeber, und ließ ihn holen aus seiner Stadt Gilo. Und die Verschwörung wurde stark, und es sammelte sich immer mehr Volk um Absalom.
>
> 2. Samuel 15,10-12

Nach großem Blutvergießen gewann schließlich David die Oberhand über die Verschwörung und blieb an der Macht. Aber es kam zu einer großen Tragödie: Joab und seine Männer töteten den hilflosen Absalom, der sich mit seinen Haaren in einem Baum verfangen hatte. Absalom starb ohne den Segen seines Vaters, und David betrauerte den Tod seines Sohnes tief: „Mein Sohn Absalom! Mein Sohn, mein Sohn Absalom! Wollte Gott, ich wäre für dich gestorben! O Absalom, mein Sohn, mein Sohn!" (2. Samuel 18,33).

Ein lähmendes Phänomen

Auch wenn wir es nur langsam erkennen: Die Zwietracht, die unsere Gemeinden heute spaltet und viele Pastoren dazu bringt, ihr Amt an den Nagel zu hängen, ähnelt in hohem Maß diesem häßlichen Schauspiel von Zorn, Verrat und Intrigen in Absaloms Geschichte. Auch wenn sich die Zwietracht heute nicht in Blutvergießen äußert, wie so häufig zu Davids Zeiten, so ist doch die seelische Grausamkeit, die den Pastoren, ihren Familien und ihren Gemeindemitgliedern angetan wird, nicht weniger zerstörerisch.

Viele Pastoren verlieren nämlich nach einer Auseinandersetzung mit einem derartigen Verrat ihre Zuversicht und ihre Leidenschaft für den geistlichen Dienst. Andere entdecken zu ihrem Entsetzen, daß ihre nächste Gemeinde von ähnlicher Zwietracht beherrscht ist. Das gilt besonders für Gemeinden, wo eine kleine Gruppe von Laien die Kontrolle erlangen, indem sie Zwietracht säen und einen Leiter gegen den anderen ausspielen.

David Goetz nennt solche Gemeinden in seinem Magazin *Leadership* „Wiederholungstäter“ und bemerkt, daß sie von der „Macht einiger weniger“ geprägt sind.

> Dreiundvierzig Prozent der entlassenen Pastoren erklärten, daß sie von einer „Clique“ hinausgedrängt worden waren, und 71 Prozent davon gaben an, daß diese Clique, die sie hinausgedrängt hatte, zehn oder weniger Personen umfaßte. Diese kleinen Wolfsrudel horten oftmals die Insiderinformationen. Nur zwanzig Prozent der entlassenen Pastoren gaben an, daß der wahre Grund für ihre Entlassung der Gemeinde bekanntgegeben worden wäre.[2)]

Pastoren, die auf diese Weise von ihren Gemeinden entlassen wurden, können leicht ihr inneres Gleichgewicht verlieren. Sie sind nicht in der Lage, richtig einzuordnen, was mit ihnen geschehen ist, und verfallen in Selbstzweifel in bezug auf ihre Fähigkeiten und ihre Berufung zum geistlichen Dienst. Diejenigen, die eine neue Stellung finden, fühlen sich häufig in ihrer Leitung, Lehre und Seelsorge gelähmt. Manche geben den Dienst an anderen ganz auf.

Auch Menschen im Umfeld solcher Prozesse haben unter deren Auswirkungen zu leiden. Das gilt verstärkt für Gemeinden, wo sie zusehen müssen, wie ein Pastor nach dem anderen unter der Kritik zusammenbricht und geht. Diese Zuschauer kennen oft den eigentlichen Grund der Unzufriedenheit mit dem Pastor nicht und bekommen höchst selten die Gelegenheit, beide Seiten zu hören. Sie bekommen nur die hyperkritischen Informationen zu Gehör, die von der „Clique“ in Umlauf gebracht werden.

Nicht nur in amerikanischen Gemeinden hat sich dieses Phänomen wie eine Seuche verbreitet. Heutzutage wird es anscheinend hingenommen, daß bestimmte kleine Gruppen immerzu versuchen, die Gemeinde in ihr kleines Reich zu verwandeln, wo sie unumschränkt herrschen und die offiziellen Gemeindeleiter es entweder lernen, sich unterzuordnen, oder aber gehen.

Was weniger verstanden wird, ist die Rolle der Übertragung in solchen Situationen. Um diese oft nicht wahrgenommene Dynamik zu verstehen, muß man sich klarmachen, daß hinter solchen Auseinandersetzungen mehr steht, als das einfache Ringen um Macht und Kontrolle. Menschliche Motive sind oft komplexer, als es ein schlichter Machttrieb ist.

Huckepackreiten

Natürlich ist Übertragung nicht die Erklärung für jede Gemeindespaltung oder der wahre Grund hinter jeder Kündigung eines Pastors, aber in vielen Fällen stellt sie den Kern der Gemeindeprobleme dar. Der Grund dafür, daß dieses Phänomen eine so zentrale Rolle spielt, besteht in der Tendenz einer Person in Übertragung, bei anderen bewußt oder unbewußt weitere Übertragungen hervorzurufen. Und wenn sich zwei oder mehr Menschen mit der gleichen Übertragung auf einen Dritten zusammentun, dann wächst ihre Macht, Schaden anzurichten, ins Unermeßliche.

Leanne Payne nennt dies das Huckepack-Phänomen:

> Eine weitere traurige Tatsache, die ich beobachten konnte, ist das „Huckepack“-Phänomen, das gewöhnlich bei nicht eingestandenen Übertragungen innerhalb einer Gemeinde auftritt. Menschen, die im Widerstand dagegen steckenbleiben, können nicht aufhören, den anderen zu verleumden (manchmal auf eine sehr subtile Weise), und wissen intuitiv, wie sie bei anderen Menschen mit ungestillten Bedürfnissen latente Übertragungen auf das Objekt ihrer eigenen Übertragung

(und bei ansonsten gesunden Leuten eine kritische Einstellung) hervorrufen.[3)]

Menschen, die immer wieder Übertragungen in anderen hervorrufen, haben im allgemeinen feindselige, oft geradezu paranoide Gefühle gegenüber dem Objekt ihrer Übertragung. Eigenartigerweise sind ihnen aber diese negativen Gefühle nur sehr undeutlich bewußt; ihr Zorn zeigt sich gewöhnlich nur als die sprichwörtliche Spitze des Eisbergs. Aber darunter liegt eine überwältigende Wut gegen den Vater oder die Mutter. Sie wird fälschlich auf das Objekt ihrer Übertragung umgelenkt.

Gewöhnlich sind es fünf Arten von Menschen die sie in ihre Übertragung miteinzubeziehen suchen: (1) Menschen, deren mentale und emotionale Grenzen schwach entwickelt sind, die also leicht die Gedanken und Gefühle anderer als ihre eigenen übernehmen; (2) unreife Christen, die nicht genügend Unterscheidungsfähigkeit besitzen und ihre Position oder Autorität respektieren; (3) Menschen, die dem Objekt der Übertragung beziehungsmäßig am nächsten stehen; (4) solche, die sich übermäßig in verletzte Menschen einfühlen bzw. sich mit ihnen identifizieren, und (5) diejenigen, die ähnliche emotionale Schwierigkeiten wie sie selbst haben.

Die Methoden, mit denen sie die Leute auf ihre Seite bringen, sind unterschiedlich. Es scheint dabei aber drei durchgängige Muster zu geben, die in vielen Situationen festzustellen sind. Das erste ist, die Unzufriedenen um ein Thema herum zu sammeln, das positiv und geistlich zu sein scheint. Die zweite besteht darin, andere davon zu überzeugen, eine moralische Kampagne zu starten, um die Schwächen und Fehler eines Leiters, ob echt oder eingebildet, öffentlich bloßzustellen und zu konfrontieren. Und die dritte beinhaltet, die Rolle eines Seelsorgers für Menschen einzunehmen, die in Übertragung gegenüber derselben Person stehen. Schauen wir uns das noch etwas genauer an.

Szenario 1:
Zwietracht im Gewand einer guten Sache

Zwietracht kann sich sehr geschickt verstellen, wenn jemand eine Gruppe aus einem Anlaß zusammenholt, der positiv und geistlich erscheint. Dabei liegt die Ausrichtung gewöhnlich auf der Linie echter Interessen des Anführers. So schart eine Frau vielleicht

Menschen um sich, um sich Gedanken über einen Dienst unter den Armen zu machen; das ist ihr ein echtes Anliegen. Die Energie hinter ihren Bestrebungen aber stammt aus ihren auf unbewußter Übertragung beruhenden Emotionen, nicht aus der Eingebung des Heiligen Geistes.

So bringt sie einige Menschen zusammen, die echt an einem Dienst unter Armen interessiert sind. Andere aber, besonders die, die ebenfalls in Übertragung leben, werden einfach mitmachen, weil sie sich von der Atmosphäre der Unzufriedenheit angezogen fühlen. Und statt Schritte zu unternehmen, um den Armen zu dienen, konzentriert sich die Gruppe darauf, den Pastor und den Rest der Gemeinde zu motivieren, mehr für die Armen zu tun.

Normalerweise bekommen solche Leute kein Projekt in die Gänge. Sie werden aber erfolgreich zum Katalysator für kritische und negative Haltungen gegenüber dem Pastor, anderen Leitern oder der Gemeinde insgesamt. Inzwischen erfreut sich die Anführerin großer Achtung als eine Person, die „ein Herz für die Armen hat". Demgegenüber wird das Interesse des Pastors an den Armen als mangelhaft oder geheuchelt erscheinen.

Szenario 2:
Zwietracht im Gewand eines moralischen Kreuzzugs

Ein zweiter Ausdruck dieser Zwietracht liegt darin, daß das Subjekt einer Übertragung andere dazu bringt, einen moralischen Kreuzzug gegen einen Leiter zu veranstalten. Er legt ihnen die Wichtigkeit ihrer „moralischen Verantwortung" nahe, die Fehler des Leiters offenzulegen und anzusprechen – ob das reale Konsequenzen hat oder nicht. Er findet angesehene Mitglieder der Gemeinde und informiert sie gezielt durch Gerüchte und Verleumdungen über die „Probleme" des Leiters. Schließlich bittet er sie vielleicht, ihren Einfluß geltend zu machen, um die Sache ans Licht zu bringen.

So startete beispielsweise ein Mann in Übertragung eine Kampagne gegen den Hauptpastor einer großen Gemeinde. Er war der Überzeugung, der Pastor habe Probleme mit übermäßigem Zorn. Dieser Mann hatte selbst in seiner Kindheit fürchterliche körperliche und emotionale Mißhandlungen erlebt; deshalb war der Zorn, den er auf den Pastor projizierte, ungewöhnlich groß.

Einige von denen, die er für seine Kampagne anwarb, befanden sich ebenfalls in Übertragung und ergriffen die Gelegenheit, ihrem Groll Luft zu machen. Aber er brachte auch wohlmeinende und naive Menschen auf seine Seite, die den zweihundert Männern ähnelten, die mit Absalom nach Hebron gegangen waren.[4)] Diese Leute hegten die Hoffnung, daß sie mit ihrem Vorhaben dem Pastor helfen würden, sein Problem anzuerkennen und sich die Hilfe zu suchen, die er benötigte.

Sie hatten keine Ahnung, daß der Anführer dieser Kampagne sich selbst in Übertragung befand und sich deshalb mit nichts weniger als der öffentlichen Bloßstellung und Entlassung des Pastors zufriedengeben würde. Wiederherstellung stand für ihn nicht zur Debatte. Seine teuflischen Motive verbarg er aber geschickt vor den Leuten, die er zur Unterstützung seiner Sache anwarb. Als der Pastor später gezwungen wurde, die Gemeinde zu verlassen, waren die anderen erschrocken über das unerwartet harte Ergebnis.

Seltsamerweise wird die für diese Form von Übertragung zentrale Person meistens von der Gemeinde überhaupt nicht wahrgenommen. Während sich die Vorwürfe gegen den Leiter aufbauen, bleibt die Person, die die eigentliche Triebkraft darstellt, verborgen, weil sie andere gewonnen hat, die damit in die Öffentlichkeit treten.

Szenario 3:
Zwietracht im Gewand einer therapeutischen Beziehung

Freundschaften, die als Beziehung zwischen Seelsorger und Klient auftreten, können ebenfalls ein verborgenes Vehikel darstellen, durch das Zwietracht verbreitet wird. Es kann sich dabei sogar um professionelle therapeutische Beziehungen handeln, aber meist sind es nicht institutionalisierte seelsorgerliche Beziehungen unter Laien. Hier übernimmt das Subjekt der Übertragung die Rolle eines „Seelsorgers" für diejenigen, die echte oder eingebildete Beschwerden gegenüber einem Leiter haben.

Oft sucht sich die Seelsorgerin dann eine dafür anfällige Person aus und beginnt ein Gespräch. Dabei stellt sie Fragen, die die Tür zu Gerüchten und Verleumdungen öffnen. Mit ein paar anscheinend wohlwollenden Fragen findet sie heraus, ob jemand für ihre Anklagen offen ist; gleichzeitig verbirgt sie, was sich in ihrem Herzen abspielt.

So stellt sie etwa die Frage: „Stört es Sie eigentlich, daß Pfarrer Jones keine Gemeindebesuche macht?“, oder: „Hatten Sie schon einmal Schwierigkeiten mit unserem Pfarrer?“ Dann wartet sie auf eine Antwort, die ihre eigenen Gefühle dem Pastor gegenüber zum Ausdruck bringt. Wenn das der Fall ist, wird sie nicht etwa ihre eigenen feindseligen Gefühle äußern, sondern mitfühlend sagen: „Ich sehe, daß Sie das wirklich schmerzt; Pfarrer Jones muß irgendetwas getan haben, das Sie verletzt hat“ oder: „Von anderen habe ich Ähnliches gehört.“

So nährt sie die Unzufriedenheit der Ratsuchenden, indem sie Dinge erzählt, die andere erlebt haben und die ihre Gefühle von Zorn und Enttäuschung bestärken. Bald wird die Klientin dann unter der Last der kombinierten Klagen verschiedener Leute zu leiden haben.

Diese Situationen haben den Anschein von Objektivität, weil die Seelsorgerin die Fähigkeit hat, ihre Emotionen zu verbergen. In Wahrheit aber herrscht hier eine völlige Subjektivität vor, weil sie Suggestivfragen stellt und Informationen einfließen läßt, die durch ihre eigenen Gefühle motiviert sind. So wird die Klientin manipuliert, die verborgenen Gefühle der Seelsorgerin zum Ausdruck zu bringen.

Weil in einem solchen Umfeld die emotionalen Grenzen verschwimmen, entsteht oft ein falsches Gefühl von Einheit und persönlicher Nähe. So kann diese Freundschaft lange Gespräche über das Objekt der Übertragung beinhalten, wie eben gute Freunde stundenlang über ein gemeinsames Interessensgebiet reden können.

Aber weil die Gemeinsamkeit von Seelsorgerin und Klientin auf einer Illusion und Täuschung beruht, ist das Ergebnis eine krankhafte Pseudofreundschaft. Wer Schwierigkeiten hat, gesunde Beziehungen aufzubauen und zu pflegen, ist für diese Art von ungesunder Beziehung in besonderer Weise anfällig. Solche Freundschaften wenden sich schnell zum Schlechten, wenn die Übertragung einmal ans Licht gekommen ist.

In jedem dieser drei Szenarien kommt ein Element stellvertretender Übertragung zum Ausdruck. Im Grunde manipuliert das Subjekt der Übertragung andere, so daß sie diese Übertragung an seiner Stelle ausagieren – mit zerstörerischen Auswirkungen.

Als nächstes wollen wir uns ein Beispiel stellvertretender Übertragung ansehen, das unter der Flagge der Freundschaft segelt.

Kapitel 8

Stellvertretende Übertragung

Stellvertretende Übertragung kann, wie wir gesehen haben, lange Zeit, oft sogar über Jahre hinweg, unbemerkt bleiben. Wie Leanne Payne sagt: „Diese stellvertretenden Übertragungen sind am schwersten zu erkennen, weil es dafür keine äußerlichen Anzeichen gibt. Solche Personen zeigen keinerlei feindselige oder paranoide Gefühle gegenüber dem Objekt. Alles, was man sieht, ist ihr liebevolles, positives Gesicht."

Und sie kommentiert die Verletzungen, die diese Dynamik hervorruft:

> Christen, die sowohl von ihren Gefühlen wie von ihrem frühkindlichen Zorn abgeschnitten sind, lieben das Objekt ihrer Übertragung in aller Aufrichtigkeit ... Solche Leute neigen dazu, in der Nähe ihres Übertragungsobjekts zu bleiben und zugleich latente Übertragungen bei anderen hervorzurufen. Es kann Jahre brauchen, bis man herausfindet, was wirklich los ist. Das ist das „Huckepack"-Reiten in übelster Form. Und wenn es um geistliche Pionierarbeiten geht, kann das die härteste Form von geistlichem Kampf bedeuten.[1)]

Ein Beispiel dafür, wie jemand das Objekt der Übertragung liebt und zugleich Übertragungen in anderen hervorruft, sehen wir bei Shannon und Jane.

Eine verborgene Wolke

Jane war eine bekannte und geachtete Bibellehrerin und Seelsorgerin in einer großen Gemeinde. Ihre Kinder waren schon erwachsen und außer Haus; so konnte sie ihre ganze Energie ihrem geistlichen Dienst widmen. Wie viele Frauen, die zum Objekt starker Übertragungen werden, verkörperte sie in herausragender Weise die Eigenschaften Weiblichkeit und Mütterlichkeit.

Shannon, eine Mutter von drei kleinen Kindern, hatte leichte Depressionen und fing gerade an, in ihrem Christsein erste Schritte zu machen, als sie Jane begegnete. Sie erzählte ihrer neuen Bekannten, wie sie in ihrer Kindheit von ihrer geisteskranken Mutter aufs Schlimmste vernachlässigt worden war. Durch Janes Hilfe wuchs sie rasch, wurde ihre Depression los und erwarb sich bald großen Respekt als eine fähige Frau. Den wenigen, die sie näher kannten, erschien sie als eine Frau mit Selbstvertrauen, die von ihrem negativen Hintergrund nicht länger beeinflußt war.

Shannon wurde bald zu einer aktiven Mitarbeiterin in der Gemeinde, die Jane in vielen Bereichen half. Im Verlauf mehrerer Jahre wurden die beiden Freundinnen, wobei Jane eine Art Großmutterrolle in Shannons Familie einnahm.

Aber in diesen ersten Jahren ihrer Freundschaft hatte Shannon neben ihrer Liebe zu Jane gleichzeitig auch mit unerklärlichen Gefühlen von Mißtrauen und Zorn ihr gegenüber zu kämpfen. Sie beneidete Jane zudem um die geistliche Durchschlagskraft ihres Dienstes. Im großen und ganzen verdrängte sie diese Gefühle jedoch und erzählte auch niemand davon.

In den Jahren ihrer gemeinsamen Freundschaft litt Jane immer wieder darunter, daß sie zum Objekt einer Reihe schlimmster Übertragungen wurde. Das betraf auch mehrere Leute, denen Jane tief vertraut hatte. Aber ungeachtet ihrer Entschlossenheit, diese Situationen positiv zu lösen, nahmen viele davon eine Wende zum Schlimmeren. Es begann so auszusehen, als ob Jane ein ungewöhnlich leichtes Ziel für Übertragungen darstellte, die nur allzu selten eine positive Lösung fanden.

Was Jane allerdings nicht wußte, war das Ausmaß, in dem Shannon an diesen Situationen beteiligt war. Shannon untergrub insgeheim Janes Versuche, diese Probleme wirksam zu lösen – und führte sogar eine Eskalation der Übertragungen herbei. Das kam erst einige Jahre später ans Licht, als Shannon in einen anderen Bundesstaat umzog, um in der Nähe ihrer alternden Schwiegereltern zu leben.

Unzufriedenheit säen

Nach dem Umzug vermißte Shannon Jane, den früheren gemeinsamen Dienst und die Gemeinschaft in der Kirchgemeinde sehr. Zu der Zeit waren alle ihre Kinder bereits in der Schule oder außer Haus, und so hatte sie nur noch wenig zu tun. Sie fing wieder an, schwermütig zu werden, und merkte, daß die alten Depressionen von früher sie wieder überwältigen könnten.

Die ganze Zeit über vermißte sie Jane. Der unterschwellige Ärger aber, den sie zurückgehalten hatte, ließ sich immer schwerer ignorieren. Sie wurde zunehmend eifersüchtig auf diejenigen, die jetzt eine engere Beziehung zu Jane hatten. Trotzdem blieb Shannon mit ihrer alten Freundin in Kontakt und besuchte sie öfter.

Mit der Zeit aber verschärften sich ihre negativen Gedanken und Gefühle gegenüber Jane dramatisch. Trotz der Tatsache, daß sie mit der Dynamik von Übertragungen vertraut war, konnte oder wollte sie sich nicht eingestehen, daß diese Dynamik ihre Beziehung zu Jane bestimmen könnte. Ihr Widerstand, ihre eigene Übertragung zuzugeben, war so stark, daß sie sogar anfing, Übertragung überhaupt als ein gültiges psychologisches Konzept in Zweifel zu ziehen.

Eines Tages, als Shannon Janes Sekretärin Margaret im Gemeindebüro anrief, kam ihre Ambivalenz ans Licht. Margaret hatte bereits seit einem Jahr eng mit Jane zusammengearbeitet. Obwohl sie schon vorher gelegentlich mit Shannon gesprochen hatte, war dieser Anruf völlig anders als alle vorhergehenden – es war von Anfang an klar, daß Shannon etwas im Schilde führte.

Es begann damit, daß Shannon Margaret in einem unangenehm vertraulichen Ton voller Einfühlsamkeit mitteilte, daß sie viel an sie gedacht hätte. Sie schien sehr um Margarets Wohlergehen besorgt und stellte Fragen, die davon auszugehen schienen, daß Margaret ernsthafte Schwierigkeiten in ihrer Beziehung zu Jane hätte. Als Margaret dazu nicht viel sagen konnte, fragte Shannon nach den anderen Beziehungen Janes. Sie deutete ganz offen an, daß andere Leute ernste Schwierigkeiten mit Jane hätten.

Margaret war von dem plötzlichen und heftigen Interesse Shannons an ihrem Leben völlig überrascht. In einer ihrer Antworten hatte sie offen zugegeben, daß sie in der Kennenlernphase etwas mit Projektion und Übertragung gegenüber Jane zu kämpfen gehabt hatte. Aber Margaret fügte auch hinzu, daß sie das erfolgreich aufgearbeitet hatte und jetzt nicht nur eine gute Arbeitsbeziehung, sondern auch eine wachsende Freundschaft mit Jane genoß.

Als Margaret ihr Problem mit Übertragung gegenüber Jane angesprochen hatte, wurde Shannon merklich unruhig und sogar zornig. Sie machte Andeutungen, daß wohl umgekehrt Jane in Übertragung ihr, Margaret, gegenüber stehe. Auf solch einen Gedanken war Margaret nie gekommen, und so wußte sie nicht, wie sie darauf reagieren sollte. Schließlich versicherte sie Shannon, daß Jane sehr offen und transparent sei und immer bereit wäre, ihre Sünden und Fehler zu bekennen, sobald man sie darauf hinweise.

Ihr Gespräch endete, als Shannon unterstrich, daß sie die Art „besonderer Unterstützung" gut kenne, die Margaret nötig habe, um mit Jane arbeiten zu können. Sie bot an, ihr jederzeit mit Rat und Tat zur Seite zu stehen.

Angriff und Rückzug der Finsternis

Margaret war nach diesem Anruf erschrocken und ängstlich. Mehrere Stunden lang stürmten irrationale Gedanken und ein Gefühl der Sinnlosigkeit auf sie ein. Was, wenn Shannon recht hätte? Was, wenn sie ihrer Wahrnehmung Janes nicht trauen konnte? Konnte sie denn ihrer Wahrnehmung von anderen trauen, denen sie ihr Vertrauen schenkte? Mit diesen angstbesetzten Gedanken war ein erstickendes Gefühl geistlicher Bedrückung verbunden, das sie nur schwer abschütteln konnte.

Mitten in diesen Gefühlen erkannte Margaret aber auch, daß hier Übertragung im Spiel war. Deshalb wußte sie, daß diese irrationalen Gedanken nicht aus ihr selbst stammten. Als sie merkte, daß Shannon ihr diese Ängste gezielt eingepflanzt hatte, verstand sie, daß sie unter einer gewaltigen geistlichen Bedrückung litt.

Margaret betete und bat den Herrn, ihre Gedanken von allen finsteren geistlichen Einflüssen reinzuwaschen und ihr zu vergeben, daß sie diesen lügenhaften und verleumderischen Gedanken auch nur einen Moment lang Raum gegeben hatte. Sie bekannte auch, daß Shannon ihren wunden Punkt getroffen hatte, nämlich ihre Angst, wenn es um Beziehungen zu Frauen ging. Und sie bat um besondere Gnade und Weisheit, diesen geistlichen Kampf zu bestehen. Nach dem Gebet verschwand ein Großteil der dunklen Gedanken, die sie überflutet hatten.

Als ihre Angstgefühle nachgelassen hatten, wurde Margaret zornig darauf, daß Shannon sie in eine solche geistliche Gefahr gebracht hatte. Der Anruf erschien ihr wie ein gezielter Versuch, Zweifel und Argwohn gegenüber Jane zu säen. Als sie sich überlegte, welche möglichen Konsequenzen es gehabt hätte, wenn sie Shannons paranoiden Gedanken Raum gegeben und sie sich zu eigen gemacht hätte, merkte sie, daß sie in Shannons Übertragung hineingesogen worden wäre. Das hätte im Lauf der Zeit dann ihr Vertrauen zu Jane untergraben. Dadurch wäre dann auch ihr gemeinsamer geistlicher Dienst in Mitleidenschaft gezogen worden.

Margaret war auch um Janes willen zornig, da Shannons Anruf ihr als gefühlloser Verrat einer langjährigen Vertrauensbeziehung erschien. Selbst der Zeitpunkt schien teuflisch gut gewählt, denn es war kurz vor einem wichtigen Dienst, den Jane außerhalb der Stadt übernommen hatte. Margaret dachte über die Konsequenzen nach: Wie viele andere waren in Shannons Übertragung hineingezogen worden? Wie lange lief das Ganze schon? In welchem Ausmaß gingen die Verleumdungen herum? Allein der Gedanke an diese Dinge schnürten ihr die Kehle zu.

Für Margaret war es offensichtlich, daß in dem Ganzen eine außerordentliche geistliche Spannung lag. Sie empfand einen großen Druck, das alles Jane zu verschweigen, um allein damit zurechtzukommen. Es war die Versuchung zu einer falschen Form von Geheimhaltung und Stolz.

Als Margaret betete, spürte sie, daß es wichtig war, Jane unverzüglich von diesem Vorfall in Kenntnis zu setzen, und zwar ungeachtet dessen, ob das ihre Vorbereitungen für ihren Vortrag durcheinanderbringen würde. Margaret war der Überzeugung, daß dieses anhaltende Gefühl einer geistlichen Bedrückung sich verflüchtigen würde, wenn sie die Sache ans Licht brächte. Und wie sie es erwartet hatte, geschah es auch. Als sie sich über diesen Vorfall unterhielten, erzählte ihr Jane von einem ähnlichen Anruf, den eine andere ihrer Mitarbeiterinnen vor ein paar Jahren von Shannon erhalten hatte.

Bald danach wurde es offensichtlich, daß Shannon das Bindeglied zu einer Reihe von Leuten darstellte, die Jane zum Objekt ihrer Übertragungen gemacht hatten. Einige von ihnen waren in professioneller therapeutischer Behandlung oder waren selbst Therapeuten, aber alle wandten sich an Shannon, um ihre „Probleme“ mit Jane mit ihr zu besprechen.

Unglücklicherweise ahnte keine von ihnen, was hier eigentlich ablief. Sie übernahmen deshalb Shannons Furcht und Zorn auf Jane. Als sich das dann noch mit ihren eigenen latenten Problemen vermischte, kam es bei vielen zu einer demonstrativen Übertragung auf Jane. Auf diese Weise brachte Shannon ihre stellvertretende Übertragung zum Ausdruck.

Schule der Tugend, Schule des Lasters

Shannon konnte eine starke persönliche Loyalität bei den Leuten wecken, die ihr Angebot, Freundin und Seelsorgerin zu sein, annahmen. Die Gruppe derer, die bei ihr Rat suchten, wurde zu einer Art Geheimgesellschaft mit zwei gemeinsamen Eckpfeilern – der Loyalität gegenüber Shannon und der Beschäftigung mit dem Analysieren von Jane. Zusammen betrieben sie eine amateurhafte Psychoanalyse nicht nur gegenüber Jane, sondern auch bei ihren Freundinnen und Mitarbeiterinnen.

Ironischerweise hatte Jane beinahe jeder Person in dieser Gruppe über Jahre hinweg eine echte warme Freundschaft entgegengebracht, vor allem natürlich Shannon. Aber jede dieser Frauen hegte in ihrer Seele ein tiefes, manchmal paranoides Mißtrauen anderen gegenüber. Das hinderte sie daran, Janes Freundschaft voll und ganz zu erwidern. Eigenartigerweise aber waren sie in der Lage, für eine gewisse Zeit eine verwickelte Freundschaft mit Shannon einzugehen. Solang sie in ihrem Einflußbereich blieben, wurden sie in ihrer illusionären Sicht Janes bestätigt. Das wiederum verhinderte, daß sie sich mit ihren eigenen schmerzhaften Problemen auseinandersetzten.

In *The Four Loves* (deutsch: *Was man Liebe nennt*) beschreibt C. S. Lewis die Macht der Freundschaft, Menschen in der Wahrheit *oder* in der Illusion zu bestärken:

> Gerade jetzt wissen wir alle, egal wie alt wir sind, um den tödlichen Charme eines gemeinsamen Hasses oder Verbitterung. ... Bin ich allein unter unsympathischen Zeitgenossen,

> dann vertrete ich nur schüchtern bestimmte Ansichten und Maßstäbe; halb schäme ich mich dabei, mich zu ihnen zu bekennen, und halb bin ich im Zweifel, ob sie überhaupt stimmen können. Aber man bringe mich wieder mit meinen Freunden zusammen, und in einer halben Stunde – ja, in zehn Minuten – werden die gleichen Ansichten und Maßstäbe wieder unanfechtbar. Die Meinung dieses kleinen Kreises wiegt die von tausend Außenseitern auf, solange ich dabei bin: und je stärker die Freundschaft, umso stärker wird auch dieser Sachverhalt sein, auch wenn diese Freunde weit weg sind ... ihr Lob ist das, was wir wirklich begehren, ihr Tadel das, was wir wirklich fürchten. Die kleinen Grüppchen der ersten Christen überlebten, weil ihnen ausschließlich die Liebe der „Brüder" wichtig war und sie ihre Ohren für die Meinung der heidnischen Gesellschaft um sich verschlossen. Aber ein Kreis von Verbrechern, Spinnern oder Perversen überlebt auf genau die gleiche Weise: indem sie taub werden für die Meinung der Außenwelt, indem sie sie als Geschwätz von Außenstehenden abtun, die „nichts verstehen" ... Freundschaft kann (wie die Alten sahen) eine Schule der Tugend sein; aber auch (und das sahen sie nicht) eine Schule des Lasters.[2)]

Im Fall von Shannons stellvertretender Übertragung wird die Macht der Freundschaft, verletzte Menschen in einer falschen Weltsicht zu bestätigen, auf tragische Weise deutlich. Ihre Freundinnen ermutigten einander gegenseitig in ihrer Täuschung; so wurden diese Freundschaften zu einer „Schule des Lasters", um Lewis' treffende Beschreibung zu verwenden.

Angesichts der Stärke ihrer Übertragungen war es für diejenigen, die mit Shannon in Verbindung standen, nahezu unmöglich, sie aufzuarbeiten, selbst wo sie das ernsthaft wollten. Die verwikkelte Freundschaft blockierte den Weg zur Reife, statt zu einer größeren Christusähnlichkeit zu führen, und brachte sie sogar dazu, in größere Unreife abzugleiten.

In scharfem Gegensatz dazu steht das Modell von Gemeinschaft, das uns die Schrift bietet. Sie weist uns an, unsere Beziehungen auf Wahrheit und Wahrhaftigkeit zu gründen. Der Apostel Johannes schreibt: „Wenn wir aber im Licht wandeln, wie er im Licht ist, so haben wir Gemeinschaft untereinander, und das Blut Jesu, seines Sohnes, macht uns rein von aller Sünde" (1. Johannes 1,7).

Kapitel 9

Der unsichtbare Kampf

Christen, die erfolgreich eine Übertragung durcharbeiten, berichten gewöhnlich davon, daß sie in irgendeiner Form in einen geistlichen Kampf geraten sind. Viele kämpfen um den Erhalt wichtiger Beziehungen; einige kämpfen darum, ihren Verstand nicht zu verlieren; ein paar kämpfen, den Dienst fortzusetzen, zu dem Gott sie berufen hat. Ich habe Berichte von vielen Menschen gehört, die diese lähmende Dynamik durchgestanden haben.

Einige haben die Zeit geschildert, die zu der Übertragungsepisode geführt hat: Als sie sich näherte, hatten sie das Empfinden, daß ihre falsche Wahrnehmung anderer durch dämonische Einflüsterungen enorm verstärkt wurde. Diese Impulse empfingen sie entweder direkt in ihren Gedanken oder durch achtlose Worte anderer. Andere schilderten ein Gefühl, sich durch einen tiefen geistlichen Schlamm vorwärts kämpfen zu müssen, als sie versuchten, ihr Leugnen zu überwinden und die Übertragung beim Namen zu nennen.

Von einigen hörte ich, daß sie sich an Schlüsselpunkten ihres Heilungsprozesses richtiggehend mattgesetzt fühlten, etwa wenn sie kurz davor standen, den Zusammenhang zwischen Ereignissen der Vergangenheit und der Gegenwart zutreffend zu erkennen. Menschen, bei denen der Ehepartner zum Objekt der Übertragung geworden war, spürten einen dämonischen Willen, der ganzen Familie Schaden zuzufügen. Wieder andere, vor allem Menschen im geistlichen Dienst, kämpften mit der Angst, nie wieder das für ihre Arbeit notwendige innere Gleichgewicht zu finden.

In allen Fällen, in denen es zu einer erfolgreichen Lösung kam, waren die Betreffenden in der Lage, den geistlichen Kampf zu erkennen und damit richtig umzugehen. Zuerst setzten sie im persönlichen Gebet ihre geistliche Autorität in rechter Weise ein, um diese ungebetene Bedrückung abzuwehren. Dann lernten sie, jede Versuchung für sich zu überwinden, und zwar sofort bei ihrem ersten Auftreten. Schließlich trafen sie die Entscheidung, die Wahrheit zu akzeptieren, wenn sie ihnen deutlich wurde.

In allen diesen Fällen war ein wichtiger Bestandteil für den Erfolg zudem die Gemeinschaft anderer Christen, deren intensive Fürbitte und Aussprechen der Wahrheit absolut lebenswichtig waren. Diese kombinierte Strategie ermöglichte es den einzelnen, den geistlichen Kampf siegreich zu Ende zu führen.

Auf Christen, die diesen Kampf durchstehen, wartet eine reiche Belohnung. Sie erwerben sich eine gottgegebene Demut, die auf der tiefen Erkenntnis der eigenen Fähigkeit zur Sünde und zum Bösen beruht. Und sie entwickeln ein starkes Unterscheidungsvermögen, vor allem im Hinblick auf Übertragung bei sich und anderen. Sie erleben vielleicht auch ein tiefes Erfülltwerden mit Gottes heilender Gnade, die ihre tiefsten Bedürfnisse stillt. Und sie nehmen an innerer Stärke zu und wachsen in der Fähigkeit, standzuhalten und zu überwinden.

Böses gut nennen

Im Gegensatz dazu leiden Menschen, die in ungelösten Übertragungen stecken, unter ständigen dämonischen Versuchungen. Vor allem die langfristigen Auswirkungen dieser Tatsache können gar nicht schwer genug eingeschätzt werden. Die Betroffenen bleiben nicht nur in ihrer Übertragung (auf eine Person oder mehrere hintereinander) stecken, es verlangsamt sich auch ihr emotionales, geistliches, intellektuelles und moralisches Wachstum bis hin zum Stillstand.

Darüber hinaus verlieren sie unter Umständen ihren durch den Heiligen Geist erneuerten Verstand. Da sie sich nicht mit ihrer Übertragung auseinandersetzen, halten sie sich für das ständige Eindringen dämonischer Versuchungen offen. Und natürlich ist es das Ziel des Bösen, ihr Denken nicht nur unter Druck zu setzen, sondern unter seine Kontrolle zu bekommen.

Wie Thomas von Kempen einst schrieb: „Denn zuerst tritt nur ein einfacher Gedanke heran an den Geist, dann eine lebhafte

Einbildung, und später regen sich Lust und böse Begierde, und am Schluß folgt dein Ja.“[1] Menschen geben ihr Ja, wenn sie die täuschenden und angsterfüllten Gedanken annehmen, die ihnen eingeflüstert werden, und sie in ihr Bild der Realität einbauen.

Dann werden sie zu Menschen, wie sie Jesaja beschreibt: „Die Böses gut und Gutes böse nennen, die aus Finsternis Licht und aus Licht Finsternis machen“ (Jesaja 5,20). Sie befinden sich in einem Zustand schwerster geistlicher Täuschung. Und das endet schließlich in einer völligen Realitätsferne, der Isolation von anderen Menschen und von Gott.

Es ist wichtig, sich bewußt zu machen, daß diese dunklen Mächte auf mehr hinauswollen, als nur dem einzelnen in seiner Übertragung zu schaden. Sie wollen auch den Menschen im Umfeld Schaden zufügen. Wenn es sich um Leute handelt, die zusammen einen wirkungsvollen geistlichen Dienst tun, wie etwa Leiter von Gemeinden oder christlichen Organisationen, dann richtet sich der geistliche Kampf darauf, ihr Werk für das Reich Gottes zu schwächen und völlig zu zerstören. In solchen Fällen werden ungelöste Übertragungen zu mehr als nur zeitaufwendigen seelsorgerlichen Problemen; sie dienen als Einfallstor für einen heftigen geistlichen Angriff, in dem es um alles oder nichts geht.

Gemeinden unter geistlichem Druck

Kommt es im Kontext einer christlichen Gemeinschaft zu einer Übertragung, dann wird oftmals eine öffentliche Angelegenheit daraus, selbst wenn gar kein Leiter unmittelbar davon betroffen ist. Das sieht dann aus, als ob eine finstere Seuche über die Gemeinde gekommen wäre. Kleinliche Streitereien, Kämpfe, Zwietracht, Neid, Eifersucht, Verleumdungen und so weiter eskalieren immer stärker. Die unreifen, „fleischlichen“ Impulse derer, die in Übertragung stehen, scheinen sich wie ein Virus auszubreiten. Bedrohlicher aber ist, daß die Gemeinde effektiv ihre Prioritäten der Anbetung Gottes und der Erfüllung ihres konkreten Auftrags vergißt. All das spiegelt den geistlichen Kampf wider, in den die Gemeinde verstrickt ist.

Zwar beinhaltet nicht jeder geistliche Kampf das Phänomen der Übertragung, doch scheinen sich geistliche Konflikte heute sehr häufig in dieser Dynamik zu manifestieren. Allerdings läßt sich dabei kein allgemeingültiges Schema von Ursache und Wirkung aufstellen. So dienen in einigen Fällen eine nicht erkannte Übertragung und ihre sündhaften Begleiterscheinungen als Einfallstor für eine geistliche Bedrückung der Gemeinde. In anderen Fällen bereitet eine geistliche Finsternis, die sich aus anderen Quellen speist, der Ausbreitung von Übertragungen den Weg.

Andererseits habe ich auch Gemeinden kennengelernt, in denen die Zunahme von Übertragungen das Anzeichen dafür war, daß der Heilige Geist die Gemeinde für einen größeren geistlichen Dienst reinigte. Die Lösungsstrategie ist aber immer die gleiche, ungeachtet des genauen Zusammenhangs zwischen Übertragung und geistlichem Kampf im einzelnen.

Der erste Schritt besteht darin, die weitverbreitete Unwissenheit in diesem Bereich zu überwinden. Am besten beginnt man mit der Schulung der Gemeindeleiter und Mitarbeiter. Das sollte unauffällig hinter den Kulissen erfolgen, weil bei dem Versuch, die Gemeinde als ganze zu unterweisen, der Schuß leicht nach hinten losgehen kann. Allzuleicht wird das dann als Versuch mißverstanden, eine falsche Kontrolle über andere etablieren zu wollen.

Statt dessen sollte die Unterweisung bei denen erfolgen, die genügend Reife besitzen und sich selbst schon um andere Menschen kümmern. Sie sollten in der Lage sein, Übertragung bei sich und anderen zu identifizieren; und sie werden lernen müssen, damit effektiv umzugehen.

Zusätzlich zu der Aufklärung braucht man unbedingt auch eine besondere Fürbitte. Es sieht nämlich so aus, als ob ohne das Eingreifen Gottes die Seuche der im Zusammenhang der Übertragung stehenden Sünden sich nur noch stärker ausbreitet. So können manche, die selbst Subjekt einer Übertragung sind, so gut verborgen sein, daß nur Gott die nötige Unterscheidungsfähigkeit schenken kann. Außerdem brauchen wir sowieso immer seine Liebe und Weisheit, um diese Übertragungen zu lösen; und die schenkt er uns im Gebet. Zu diesem Zweck sollten alle Beteiligten zu einer gewissenhaften Fürbitte angehalten werden.

Angriffe auf Diener Gottes

Dieser geistliche Kampf wird noch intensiver, wenn es dabei um geistliche Leiter geht. Pastoren und Leiter von christlichen Diensten sind ein lohnendes Ziel für den Bösen, weil sie ein größeres Potential haben, andere zu segnen, zu prägen und das Reich Gottes auszubreiten. So können erfolgreiche Leiter einen außergewöhnlich harten geistlichen Kampf durchmachen, weil sie zum Objekt der Übertragung anderer geworden sind. Zumindest wird ihre Aufmerksamkeit von ihrer eigentlichen Berufung abgelenkt. Manchmal macht die zur Bewältigung auch nur eines einzigen Falls von Übertragung notwendige Energie den Pastor nahezu unfähig, seiner Verantwortung nachzukommen.

Wer unter diesen Dingen gelitten hat, beschreibt den ihn umgebenden geistlichen Kampf in ähnlicher Weise. Viele fühlen sich geistlich und emotional unter Druck, deprimiert oder körperlich ausgelaugt, aber sie sind nicht in der Lage die Ursache zu identifizieren. Das gilt in besonderem Maß, wenn es sich um eine verdeckte Übertragung handelte. Und wenn sie sich mit den gegen sie gerichteten Beschuldigungen auseinandersetzen, stehen sie meist in der Versuchung, selbst diese Lügen zu glauben, die ihnen von der Person in Übertragung angehängt werden.

Wenn man als Leiter Monate oder Jahre unter solch einer irrationalen und scharfen Überwachung gelebt hat, dann wird man übermäßig unsicher und bekommt zunehmend Angst, andere zu kränken. Manche berichten, daß sie Beziehungen zu Freunden, Familienmitgliedern und Partnern im geistlichen Dienst verloren haben, weil diese Personen heimlich in die Übertragung mit hineingezogen worden waren. Einige haben damit zu kämpfen, sich nicht entmutigen zu lassen und zynisch zu werden. Und viele befinden sich auf die eine oder andere Weise auf dem Rückzug, so daß sie der Berufung Gottes für ihr Tun oder Sein nicht mehr voll nachkommen. Dabei wirkt auch die Verbitterung angesichts des durchlittenen Leids stark mit.

Einige der schwersten Fälle geistlichen Kampfes, von denen ich gehört habe, hatten ein Element unerkannter Übertragung gegenüber christlichen Leitern zum Inhalt; sie waren geradezu pathologisch geworden und umfaßten eine voll entwickelte geistliche Täuschung. Das Subjekt einer solchen Übertragung ist in diesen Situationen so in Selbsttäuschung befangen, daß der Betreffende glaubt, Gott einen Dienst zu tun, wenn er sich gegen einen von Gott bestätigten geistlichen Dienst stellt. Bei manchen kann das sogar zur Lebensaufgabe werden.

Menschen, die in solch schweren Irrtümern befangen sind, neigen dazu, Gefahren zu sehen, wo es keine gibt. Sie mißtrauen vertrauenswürdigen Menschen und schenken ihre Loyalität denen, die es nicht verdienen. Oft nennen sie gute Menschen böse und böse Menschen gut. Und weil sie kaum die Fähigkeit haben, anderen zu vertrauen, enden sie schließlich in einer vollkommenen Isolation auch gegenüber noch übriggebliebenen Freunden oder Familienmitgliedern. Aber ihre Kampagne gegen Gottes Diener führen sie unverdrossen weiter und erheben dabei den Anspruch, wahre Diener des Evangeliums zu sein. Die Konsequenzen, die das Böse, das sie anrichten, in der Ewigkeit hat, sind nur Gott bekannt.

Es erfordert außerordentliche Weisheit, solch einen geistlichen Kampf zu überleben und trotzdem mit dem Dienst für Gott weiterzumachen. Manchmal kann man das Problem kommen sehen und Vorsichtsmaßnahmen ergreifen, um es zu verhindern oder wenigstens einzugrenzen. Vielleicht kann man es so handhaben, daß das Werk und die Verantwortlichen verschont werden. Aber dazu braucht es viel Gebet, Unterscheidungsvermögen und Hingabe.

Die Auseinandersetzung mit einer solchen Dynamik ist fast immer schwierig und anstrengend. Sie bietet allerdings auch eine Chance zum Wachstum. Solche Prüfungen können durchaus den Weg bereiten für eine Erweiterung und Vertiefung im Dienst der Gemeinschaft für das Reich Gottes. Das Festhalten an dieser Hoffnung hilft den Verantwortlichen durchzuhalten.

Wer die Übertragungen anderer überlebt und seine eigenen aufgearbeitet hat, wird merken, daß er stark geworden ist. Er wird besser in der Lage sein, andere Schwierigkeiten im Leben zu bewältigen und den Lauf zu Ende zu führen.[2)]

Ein Leben des Gebets

Eine Übertragung und den damit einhergehenden geistlichen Kampf zu überleben kann eine sehr schmerzhafte Erfahrung sein, die aber trotzdem von Gott zum Besten benutzt wird. So gibt es bei ansonsten verheerenden Ereignissen und Umständen immer wieder Chancen zum Wachstum.

Meist ist es schwierig, wenn nicht sogar unmöglich, die Quelle unseres Leids auszumachen. Einiges davon ist Konsequenz unserer eigenen Handlungen; anderes geht auf Satans böse Absichten zurück; einiges wird von Gott zugelassen oder gesandt, um uns wachsen zu lassen und Disziplin zu lehren. Was auch immer der Grund für unsere Prüfungen sein mag: Gott kann daraus eine Chance zum Wachstum für uns werden lassen.

Die Schrift liefert uns ein Modell für den Umgang mit Schwierigkeiten. Zunächst einmal helfen sie uns, Gottes Absichten zu verstehen. Deshalb sollte die erste Reaktion auf solche schwierigen Umstände sein, Gott dafür zu danken, weil er uns durch sie zu der Reife führen kann, die er sich wünscht.

So schrieb beispielsweise der Apostel Jakobus: „Seid voll Freude, meine Brüder, wenn ihr in mancherlei Versuchungen geratet. Ihr wißt, daß die Prüfung eures Glaubens Ausdauer bewirkt. Die Ausdauer aber soll zu einem vollendeten Werk führen; denn so werdet ihr vollendet und untadelig sein, es wird euch nichts fehlen" (Jakobus 1,2-4 EÜ). Dieser Text zeigt – und er stimmt mit dem Gesamtzeugnis der Schrift überein –, daß der Weg zur Reife immer im Feuer des Widerstandes geschmiedet wird.

Die zweite Reaktion auf Schwierigkeiten ist die Bitte an Gott, unser Herz dadurch zu reinigen. Die Psalmen König Davids sind von solchen Bitten durchzogen: „Erforsche mich, Gott, und erkenne mein Herz; prüfe mich und erkenne, wie ich's meine. Und sieh, ob ich auf bösem Wege bin, und leite mich auf ewigem Wege" (Psalm 139,23-24). Oder: „Siehe, dir gefällt Wahrheit, die im Verborgenen liegt, und im Geheimen tust du mir Weisheit kund. Entsündige mich mit Ysop, daß ich rein werde; wasche mich, daß ich schneeweiß werde" (Psalm 51,7-8).

Der Herr ehrt und erhört diese Gebete. Im Leben König Davids wurden solche Bitten durch schmerzliche Umstände beantwortet, in denen er durch Demut vor Gott ein reines Herz fand. Das illustriert die *Heiligkeit*, die die Schrift von uns fordert. Für uns gilt das gleiche wie für David: Als Antwort auf unsere Gebete um Reinheit läßt Gott schwierige Umstände und geistliche Kämpfe in unserem Leben zu, die unser Herz dazu bringen, zu offenbaren, was wirklich in ihm vorhanden ist. Die daraus resultierende Demut und Reinheit sind grundlegend für die Reife als Christen.

Wenn wir Gott inmitten unserer Schwierigkeiten und Kämpfe danken und nach innerer Reinheit trachten, werden wir erleben, wie das Licht des Heiligen Geistes unser Herz prüft. Durch das Licht Gottes können die zerbrochenen Bereiche unseres Lebens gereinigt werden und Vergebung, Heilung und Kraft empfangen. Das geschieht nicht nur zu unserem Besten, sondern auch zum

Segen unserer Familien und Gemeinden. Dazu ist es nötig, daß wir uns unseren eigenen Sünden stellen, daß wir uns mit den Sünden auseinandersetzen, die uns andere angetan haben, und daß wir mit dem Druck des Bösen umgehen lernen.

Teil 3

Die Lösung

Kapitel 10

Vom Umgang mit Übertragungen

Wenn eine Übertragung diagnostiziert wird, dann hängt alles daran, daß man damit richtig umgeht. Das Subjekt der Übertragung kann dabei viel gewinnen: Wenn der Betreffende sich in Demut seiner Sünde stellt, von ihr abwendet und für Hilfe öffnet, dann kann er den Weg zur Heilung und zu einem erfüllten Leben einschlagen.

Eine demütige Gesinnung

Heilung kann dann stattfinden, wenn das Subjekt einer Übertragung anerkennt, daß diese Dynamik bei ihm am Werk ist. Solch ein Eingeständnis erfordert allerdings Demut. Ohne diese Eigenschaft ist es unmöglich, Fortschritte zu erzielen. Mehr als jede andere Sünde ist es der Stolz, der eine erfolgreiche Lösung von Übertragungen verhindert.

Der erste Schritt zur Heilung ist für das Subjekt einer Übertragung das Eingeständnis, daß er das Objekt seiner Übertragung falsch beurteilt hat. Das Anerkennen der Tatsache, daß die eigene Wahrnehmung und das eigene Urteil falsch waren, erfordert eine ungewöhnliche Demut, eine „demütige Gesinnung", wie das Wort im griechischen Urtext des Neuen Testaments lautet.

Der zweite Schritt ist das demütige Bekenntnis, daß die eigenen Haltungen und Handlungen verkehrt waren. Der Betreffende muß die Sündhaftigkeit seines *gegenwärtigen* Verhaltens anerkennen. Er darf die Schuld weder auf denjenigen abwälzen, gegen den er gesündigt hat, noch auf eine Person oder ein Ereignis der Vergangenheit. Fast immer muß ihn dazu jemand zur Rede stellen, der außerhalb der Situation steht und objektiv ist.

Es ist geradezu unheimlich, wie offensichtlich sündhaftes Verhalten bei einer nicht erkannten Übertragung von den Menschen der Umgebung ignoriert werden kann. Oft übersehen Leute, die in die Attacken des Betreffenden gegen einen Dritten hineingezogen werden, die Tatsache, daß er Gerüchte, Verleumdungen und Zwietracht sät. Irgendwie schafft er es, alle prüfenden Blicke von sich weg auf das Objekt seines Hasses oder Neides zu lenken. Wenn er wegen seines sündhaften Handelns zur Rede gestellt wird, dann steht für ihn sehr viel auf dem Spiel, wenn er es eingesteht. Weil er viele andere mit in diese Täuschung hineingezogen hat, braucht er sehr viel Demut, um die Anklagen zurückzunehmen.

In einem dritten Schritt muß er zugeben, daß er der Hilfe bei der Identifizierung und Lösung der Probleme aus seiner Vergangenheit bedarf. Sie stellen nämlich die Ursache für die gegenwärtige Verwirrung dar. Auch das erfordert Demut, denn es bedeutet das Eingeständnis, in bestimmter Hinsicht unreif zu sein. Die Art, wie er denkt, fühlt und Beziehungen gestaltet, ist noch übermäßig stark von prägenden Ereignissen und Person der Kindheit bestimmt. Und es braucht zudem auch die Demut, die Fehler und Schwächen der eigenen Eltern anzuerkennen, denn sie sind fast immer ein Hinweis auf ähnliche eigene Defizite.

„Wähle das Leben“

Wer in einer Übertragung lebt, scheint im Treibsand krankhafter Gefühle, Gedanken und Reaktionen unterzugehen. Um die gerade beschriebenen Schritte zur Heilung auszuführen, muß der Betreffende die *Entscheidung* treffen, aus diesem Meer von Subjektivität herauszukommen und mit Christus eins zu werden. Nur wenn er das tut und sich vom „Denken Christi“ prägen läßt, kann er die nötige Objektivität finden, um die Übertragung erfolgreich zu lösen.

Der stärkste Schlüssel, um jemand aus seiner Übertragung herauszuhelfen, ist die Einsicht in die Kraft des eigenen Willens. Selbst in den schwersten Umständen ist die menschliche Seele in der Lage, den Weg des Wohlergehens zu wählen.[1)] Dieses Prinzip fußt auf einer biblischen Sicht des Menschseins und weicht von dem klassischen psychoanalytischen Verständnis von Übertragung ab.

Für einen Christen stellt die krisenhafte Konfrontation mit der Tatsache der Übertragung eine Wasserscheide auf dem Weg zur Reife dar. Übertragung bringt das Schlimmste in einem Menschen zum Vorschein: Alles, was in der Seele ungeheilt und unreif ist, kommt jetzt hoch. Diese Dinge drohen, die wahre, zu Gottes Ebenbild erschaffene und neugemachte Person zu überschatten und die eigene Persönlichkeit zu überwältigen.

Kommt es zu einer Konfrontation, so steht der Christ an einer Weggabelung. Entweder trifft er die Entscheidung, seine Sünde anzuerkennen und seinen Willen einzusetzen, um diese schmerzhafte Dynamik aufzuarbeiten, oder aber er streitet alles ab und hält an seiner Illusion fest. Das letztere bedeutet die Entscheidung zur geistlichen Stagnation. Für manche kann es sogar den Weg in den geistlichen Tod bedeuten.

Wer ein Verständnis von Übertragung besitzt, hat die Verantwortung, den Betroffenen dazu zu ermutigen, die richtige Entscheidung zu treffen – im vollen Bewußtsein der Konsequenzen. Für dieses Ermahnen gibt es wiederholt Vorbilder in der Schrift. So mußte Mose den Israeliten die weitreichenden Folgen ihrer Entscheidung über den Umgang mit fremden Göttern vor Augen malen:

> Hiermit lege ich dir heute das Leben und das Glück, den Tod und das Unglück vor. Wenn du auf die Gebote des Herrn, deines Gottes, auf die ich dich heute verpflichte, hörst, indem du den Herrn, deinen Gott, liebst, auf seinen Wegen gehst und auf seine Gebote, Gesetze und Rechtsvorschriften achtest, dann wirst du leben und zahlreich werden, und der Herr, dein Gott, wird dich in dem Land, in das du hineinziehst, um es in Besitz zu nehmen, segnen. Wenn du aber dein Herz abwendest und nicht hörst, wenn du dich verführen läßt, dich vor anderen Göttern niederwirfst und ihnen dienst – heute erkläre ich euch: Dann werdet ihr ausgetilgt werden; ihr werdet nicht lange in dem Land leben, in das du jetzt über den Jordan hinüberziehst, um hineinzuziehen und es in Besitz zu nehmen.
>
> 5. Mose 30,15-18 (EÜ)

Wie die Israeliten, die die Worte des Mose hörten, stehen auch Menschen in Übertragung vor der Entscheidung: Werde ich meine Sünde bekennen? Werde ich mich mutig den Schmerzen der Vergangenheit stellen und meinen Blick von der Person abwenden, die ich zu einem Götzen gemacht habe?

Die reiche Gnade Gottes – Leben und Wohlstand – erwarten den, der sich entscheidet, seinen Götzendienst sowie die Tatsache einzugestehen, daß er jemand anderem ungerecht Leid zugefügt hat. Das tiefe Wissen, auf Barmherzigkeit angewiesen zu sein und sie schon empfangen zu haben, ist wichtig. Dadurch fällt es leichter, denen zu vergeben, die einem in der Vergangenheit Leid zugefügt haben. In manchen Fällen hat auch das Objekt der Übertragung mit Sünde reagiert; auch das muß man vergeben. Wer sich aber statt dessen weigert, seine Sünde anzuerkennen oder denjenigen zu vergeben, die ihn verletzt haben, der schneidet sich von Gott ab.

Grenzen setzen

Unglücklicherweise gibt es viele Beispiele für Menschen in Übertragung, die nicht auf die Ermahnung anderer eingehen. Statt dessen entscheiden sie sich, an ihrer Sünde und ihrem Wahn festzuhalten. In solchen Fällen können ihnen die Menschen ihrer Umgebung am meisten helfen, indem sie ihrem Verhalten angemessene Grenzen setzen.

Alle, die damit zu tun haben, sollten gemeinsam festlegen, welche Grenzen gezogen werden müssen. Sie sollten versuchen, dabei das Objekt der Übertragung zu schützen und zu verhindern, daß sich diese ungesunde Dynamik weiter ausbreitet. Dann müssen die Auflagen bzw. Einschränkungen dem Betreffenden sowie allen anderen mitgeteilt werden, die durch sein Verhalten direkt betroffen waren. Wenn das in der rechten Weise geschieht, kann ein ganzes geistliches Werk vor dem Untergang bewahrt werden, selbst wenn der Betroffene keine Hilfe annehmen will.

Jeder Fall von Übertragung muß natürlich für sich betrachtet werden. Im allgemeinen sind aber bestimmte Schritte erforderlich, um in einem Fall von nicht eingestandener Übertragung Grenzen zu setzen:

- Wenn die Person in Übertragung unvernünftige Anforderungen an Zeit und Aufmerksamkeit des Objekts stellt, muß man ihr helfen zu erkennen, welche Formen der gegenseitigen Beziehung angemessen sind und erwartet werden dürfen.

- Der Person in Übertragung muß mitgeteilt werden, welche Leute bereit sind, mit ihr zu reden und zu beten.
- Man muß von dem Betreffenden verlangen, daß er Verantwortung für die ausgestreuten Gerüchte, Verleumdungen und Zwietracht übernimmt. Er muß sich dessen in Zukunft enthalten und, sofern es möglich ist, Dinge richtigstellen bzw. wiedergutmachen. Ist die Person lernbereit und kooperativ, wird sie unverzüglich reagieren und ihr früheres Verhalten unterlassen. Oft kommt dann die nötige Einsicht in die Übertragung von selbst.
- Man muß auch von den sekundär Beteiligten (die sich der Übertragung angeschlossen und die Wahnvorstellungen weiterverbreitet haben) verlangen, für die ausgestreuten Gerüchte, Verleumdungen bzw. die Zwietracht Verantwortung zu übernehmen. Auch sie müssen Wiedergutmachung leisten, wo immer es möglich ist.
- Sämtliche Mitarbeiter, ob vollzeitlich oder ehrenamtlich, müssen von der Übertragung in Kenntnis gesetzt und angeleitet werden, angemessene Grenzen zu wahren.

Ein Beispiel dafür, wie man solche Auflagen durchsetzt, ist die Zusammenarbeit Cindys mit ihren Gemeindeleitern. Gemeinsam hatten sie festgelegt, welche Grenzen zu ziehen waren. Die Aufforderung an mich, sie weder zu besuchen noch sie anzurufen oder ihr zu schreiben, waren notwendige Eckpfeiler, die Cindy davor schützten, von mir mit wahnhaften Anschuldigungen und Forderungen bombardiert zu werden. Dabei ist die Tatsache ebenso wichtig, daß ich durch diesen Schritt zu der Erkenntnis gelangte, daß ich Cindy und unsere gegenseitige Freundschaft zum Abgott gemacht hatte.

Grenzen für die Zwietracht

Ein weiterer Grund für deutliche Grenzen ist gegeben, wenn die Person in Übertragung aktiv Zwietracht sät. Zwietracht ist tödlich für das Leben einer Gemeinde oder eines geistlichen Dienstes; ihre Ausbreitung muß deshalb unbedingt verhindert werden. In jedem Fall muß man solch ein Verhalten klar und deutlich ansprechen. Das gilt umso mehr, wenn Leiter davon betroffen sind.

Eine Möglichkeit, um das Potential für Zwietracht in einer Gemeinde zu reduzieren, ist simpel. Man muß die Gemeindeglieder nur wissen lassen, daß keine anonymen Sorgen oder Beschwerden angenommen werden. Alles, was es zu besprechen gibt, muß mit konkreten Namen verbunden sein. Diese Regel soll niemand einschüchtern oder zum Schweigen bringen. Sie soll aber den Einfluß derer stoppen, die nur Schwierigkeiten machen wollen.

Bei einer Gemeinde, die sich so verhielt, kam es dazu, daß Leute, die ein echtes Unterscheidungsvermögen und Weisheit besaßen, jetzt mehr Freiheit dazu empfanden und gerne die Verantwortung auf sich nahmen, ihre Sorgen zum Ausdruck zu bringen. Zur gleichen Zeit hatten die Leiter eine größere Freiheit, die Gemeinde in ihre Bestimmung zu führen, da sie sich nicht mit allen möglichen Beschwerden herumschlagen mußten.

Manchmal allerdings sind die Lösungen für das Problem der Zwietracht nicht so einfach. Wenn der Betreffende gewarnt worden ist, aber immer noch nicht umkehrt, dann ist es schriftgemäß, ihn zu bitten, die Gemeinde zu verlassen. Der Apostel Paulus gibt uns klare Anweisungen für den Umgang mit dieser Sünde:

> Laß dich nicht ein auf törichte Auseinandersetzungen und Erörterungen ..., auf Streit und Gezänk über das Gesetz; sie sind nutzlos und vergeblich. Wenn du einen Sektierer (d. h. einen Menschen, der Zwietracht sät) einmal und ein zweites Mal ermahnt hast, so meide ihn. Du weißt, ein solcher Mensch ist auf dem verkehrten Weg; er sündigt und spricht sich selbst das Urteil.
>
> Titus 3,9-1 (EÜ)

Ist Zwietracht das Problem, dann macht die Schrift unmißverständlich klar, daß man sie mit starker Hand anpacken muß. Außerdem kann es keine Gemeinschaft geben, wo es keine Umkehr gibt. Nicht umkehrwillige, unbußfertige Menschen sind gefährlich für eine Gemeinde, denn sie werden Leitung untergraben, Zweifel hinsichtlich des Dienstes säen und andere in geistliche Täuschung bringen. Paulus weist uns deshalb an, mit solchen Menschen nichts mehr zu schaffen zu haben.

Wenn die einzige Lösung ist, daß man getrennte Wege geht, dann ist das für einen Leiter sehr schmerzlich, denn es bedeutet oft den Verlust von Freundschaften und das Eingeständnis eines tiefen Vertrauensbruchs. Wichtiger aber ist es, die gesamte Herde vor der Gefahr zu retten, indem man in Liebe denjenigen von der Gemeinschaft ausschließt, der Zwietracht sät. Wenn ein Gemeindeleiter mit diesem Schritt zu lange wartet, kann es leider dazu kommen, daß der Unbußfertige zwar aus eigenem Entschluß geht, aber dabei noch eine Reihe anderer Leute mitzieht.

Gefährliche Fälle

Ungelöste Übertragungen können eskalieren, bis das Verhalten gefährlich oder kriminell wird. So wird zum Beispiel dem Objekt der Übertragung nachspioniert, es kommt zur Drohung, ihn oder ein Familienmitglied zu töten, oder es werden absonderliche Liebes- und Hingabeerklärungen in der Öffentlichkeit abgegeben. Dieses Verhalten zeigt sich oft bei Leuten, die eigentlich in eine psychiatrische Anstalt gehören. Erstaunlicherweise aber sehen die Betreffenden oft gar nicht so aus. Sie können erfolgreiche und angesehene Mitglieder der christlichen Gemeinschaft sein.

Beobachtet man ein solches Verhalten, so müssen sofort Schritte unternommen werden. Leider ist oft eine der ersten Reaktionen das Nicht-wahrhaben-Wollen: „Dieses Verhalten ist bei dem Betreffenden doch nicht normal. Es kann doch gar nicht stimmen!“ Oder man unternimmt den naiven Versuch, dem Kranken zu helfen, indem man mit ihm argumentiert oder psychologische Einsichten anbietet.

In der Realität ist ein Mensch mit einem derartig auffälligen Verhalten meist mental zu gestört, um einen normalen Rat oder Ermahnung anzunehmen, geschweige denn, seine Übertragung anzuerkennen. Deshalb ist es um der Sicherheit der Betroffenen willen die erste Priorität, dieses falsche Verhalten durch feste Grenzen einzudämmen.

Ein Neuling – mit Vorgeschichte

Ein gutes Beispiel, wie durch klare Grenzen eine gefährliche Übertragung eingedämmt und entschärft wird, ist der Fall von Pastor Miller und den Verantwortlichen seiner Gemeinde.

Pastor Miller, ein fähiger Lehrer und Seelsorger, war zweiter Pastor in einer blühenden Gemeinde. Wegen seiner warmen, väterlichen Art war er sehr beliebt. Aufgrund dieser Eigenschaften aber zog er auch diejenigen an, die als Kind von ihrem Vater keine Bestätigung empfangen hatten und deshalb dazu neigten, eine Übertragung ihm gegenüber aufzubauen.

John war neu in der Gemeinde. Er hatte eine längere Vorgeschichte, was Übertragungen auf Pastoren anbelangt, aber keiner wußte darum. Sein dringendstes Bedürfnis war es, eine Arbeitsstelle zu finden und genügend Unterstützung zu bekommen, solang er noch arbeitslos war. John, der freimütig von seiner Situation erzählte, lernte dadurch viele Leiter in der Gemeinde kennen, darunter den ersten Pastor, Pastor Miller, Leute aus der Gemeindeverwaltung, Anbetungsleiter und einige der Ältesten.

Das Tempo, mit dem er alle diese Leute kennenlernte, war ein erster Hinweis auf sein Bedürfnis nach Aufmerksamkeit von seiten einer Autoritätsperson. Er erzählte allen, daß er einen Platz in der Gemeinde suche, wo er sich sinnvoll einbringen könne. Er äußerte auch Interesse daran, sich möglicherweise selbst auf den geistlichen Dienst vorzubereiten. Mehrere Mitarbeiter und andere Gemeindeglieder beschäftigten sich mit ihm und fanden praktische Mittel und Wege, ihm zu helfen.

Der Mitarbeiter, mit dem John am meisten Kontakt hatte, war Pastor Miller. Ihm vertraute er schließlich seine tiefere Not an. Er beklagte sich, daß er sich häufig von anderen verraten fühlte. Das traf auch für seine Frau und seine Kinder zu, denen er zu dieser Zeit innerlich entfremdet war. Pastor Miller erkannte schnell, daß John sich schwertat, Beziehungen irgendeiner Art zu bauen und zu pflegen.

Typisch für Pastor Miller aber war es, daß er John viel Zeit widmete, sowohl in seinem Büro wie auch am Telefon. Er machte dabei allerdings den Fehler, den sich wiederholenden Monologen von John zu lange zuzuhören. Er unterschätzte zudem die Schwere seines Problems.

Irrationale Beschuldigungen und bizarres Verhalten

Schließlich wurden Pastor Miller die Zeit und der Energieaufwand für diese seelsorgerliche Beziehung zu viel. In der Hoffnung, daß sich John auf normale pastorale Strukturen einlassen würde, lud er ihn ein, Mitglied in einem Hauskreis zu werden. Pastor Miller hoffte, dies würde ihm die Gelegenheit zu neuen Freundschaften und einen Weg zum geistlichen Wachstum eröffnen.

Bei der Vorbereitung auf diesen Hauskreis versuchte Pastor Miller John zu helfen, sich seiner Unreife in Beziehungen stärker bewußt zu werden. Dadurch hätte er nämlich unter Umständen Schwierigkeiten bekommen, sich auf die Gruppe einzulassen. So empfahl er John, seine Kommunikationsgewohnheiten zu verbessern und mehr zuzuhören, als selbst zu reden. Anfänglich schien John auch ganz positiv auf diese freundschaftlich-seelsorgerliche Zuwendung zu reagieren. Aber es dauerte nicht lange, bis Pastor Miller gezwungen war, John wegen einer weitaus ernsteren Sache zur Rede zu stellen.

Das Problem kam ans Licht, als John einer Frau zu einem Bibelabend folgte, den auch Pastor Miller zufällig besuchte. Die Frau und der Mann, mit dem sie zusammen gekommen war, waren extrem beunruhigt, als John auftauchte, so daß Pastor Miller freundlich darauf bestand, daß John das Treffen verließ. Er erfuhr dann von den beiden, daß John der Frau nicht nur mehrere Wochen lang nachspioniert hatte, sondern auch gedroht hatte, den Mann zu töten – und das nur Stunden vor dem Treffen.

Pastor Miller stellte John am nächsten Tag zur Rede und setzte ihm sofort die erste Grenze: John durfte die Gruppe nicht wieder besuchen und auch der Frau nicht folgen. Damit verlor er aber augenblicklich seinen Kredit bei John. Wütend beschuldigte er ihn, ihn zu verraten „wie alle anderen, denen ich je vertraut hatte". Als der Pastor darauf hinwies, wie unvernünftig diese Aussage wäre, und ihm versicherte, daß er ihm helfen wolle, hörte John gar nicht hin. Er war nicht offen für die Wahrheit.

Trotzdem verlangte er weiterhin nach Pastor Millers Aufmerksamkeit. Dieser erklärte ihm schließlich erschöpft, er könne ihm nicht mehr Zeit widmen. Als ihm diese Grenze gesetzt wurde, steigerte sich Johns Wut noch mehr.

Daraufhin versuchte John wiederholt, den Pastor telefonisch zu erreichen. Bei einer Gelegenheit hinterließ er eine bizarre Botschaft auf dem Anrufbeantworter: „Tue Buße, Bruder, oder ... ich werde allen in der Gemeinde von der Sündhaftigkeit ihres zweiten Pastors erzählen. Ich will das nicht, aber du hast es dazu kommen lassen!"

Schützende Grenzen

John konnte diese Drohung allerdings nicht mehr wahrmachen, weil die Gemeindeleitung einschneidende Schritte unternahm, um die Situation zu entschärfen. Sie hatten gerade erst vor einiger Zeit die Bedeutung von Übertragungen in einer Mitarbeiterversammlung besprochen und waren sich alle der potentiellen Gefahren bewußt. Auch Pastor Miller hatte schon längst dem ersten Pastor erzählt, was ablief, bevor sich die Situation so verschärft hatte. Dadurch wurde Johns Versuch, den ersten Pastor auf seine Seite zu ziehen, erfolgreich vereitelt. Außerdem hatte sich Pastor Miller, sobald er merkte, wie schwer Johns Problem war, schriftliche Notizen über jedes Gespräch mit ihm gemacht.

Auf Empfehlung des ersten Pastors und mit Pastor Millers Unterlagen in der Hand trafen sich die Ältesten mit John. Weil sie sich ihrer Autorität und der Verantwortung für den Schutz der Gemeinde bewußt waren, sprachen sie Johns Drohungen und sein gefährliches Verhalten direkt an. Ohne Entschuldigung informierten sie ihn von den Grenzen, die sie ihm setzten: er dürfe nicht mehr länger an Gemeindeveranstaltungen teilnehmen; er dürfe die Gemeinderäume nicht mehr betreten und er dürfe auch keinen Kontakt zu Gemeindegliedern mehr aufnehmen. Sie machten ihm zur Auflage, psychologische und soziale Hilfe zu suchen, und boten ihm an, ihre Entscheidung zu überprüfen, wenn er das erfolgreich täte (dazu kam es allerdings nie). John erklärte sich einverstanden, und die Ältesten schrieben ihm einen Brief, in dem sie diese Abmachung dokumentierten.

Die Ältesten informierten auch die örtliche Polizei über Johns Problem. Diese unterstützte das Vorgehen der Gemeinde und erklärte sich bereit, John von ihrem Gelände zu entfernen, wenn er sich nicht an die Vereinbarung hielte. Darüber hinaus unternahmen Pastor Miller und die Ältesten Schritte, um jede Möglichkeit zu unterbinden, daß John die Gemeinde in einen Gerichtsprozeß verwickeln könnte. Sie hielten jede Kommunikation mit ihm schriftlich fest.

Nach dem Treffen mit den Ältesten tauchte John noch einmal bei einem Gemeindegottesdienst auf. Als die Ältesten ihn darauf hinwiesen, daß sie ihr Vorgehen für einen solchen Fall bereits mit der Polizei abgesprochen hatten, verließ er ohne weitere Umstände die Gemeinde und wurde nicht mehr gesehen.

Obwohl Pastor Miller zuerst mit dem Gefühl zu kämpfen hatte, bei John versagt zu haben, erkannte er schließlich, daß John gar nicht in der Lage oder bereit gewesen wäre, Hilfe zu empfangen. Zudem wußte er, daß er alle notwendigen Schritte unternommen hatte, um sich, die Mitarbeiter und die Gemeinde insgesamt vor einer realen Gefahr zu schützen. Weil er, wie auch die anderen Gemeindeleiter, um die Dynamik von Übertragungen wußte, wurde es möglich, die Situation zu entschärfen, bevor alles außer Kontrolle geraten war.

Der Umgang mit Übertragungen ist, wie wir gesehen haben, nicht immer einfach. Es gibt bestimmte Fallen, die uns davon abhalten können, eine gesunde Lösung zu finden. Damit wollen wir uns als nächstes beschäftigen.

Kapitel 11

Fallen, die man vermeiden sollte

Wenn man sich in einem christlichen Umfeld mit Übertragung beschäftigen muß, macht man gerne einige Fehler. Das hat nichts damit zu tun, daß hier Laien eine Dynamik aufgreifen, die nur von psychologischen Fachleuten behandelt werden könnte – obwohl auch das zum Problem werden kann. Es hat vielmehr damit zu tun, daß man bei Übertragung ein sensibles Unterscheidungsvermögen für die Sünde und die Schwächen der menschlichen Seele braucht.

In bestimmten Fällen kann eine Übertragung leicht für etwas anderes gehalten werden. Oder sie wird richtig erkannt, aber schlecht behandelt. Vielleicht wird sie sogar als Ausrede mißbraucht, um Kritik an tatsächlich vorhandenen eigenen Defiziten abzuwehren. Trotz dieser Möglichkeiten falscher oder mißbräuchlicher Verwendung müssen Seelsorger die Freiheit haben, das Problem zu benennen und entsprechend damit umzugehen. Zu diesem Zweck lassen sich verschiedene Vorsichtsmaßnahmen ergreifen, die die erwähnten Gefahren verringern.

In Demut gekleidet

Die oberste Priorität liegt für jemand, der mit Übertragung zu tun hat, darin, die eigenen Schwächen zu kennen. So zieht ein Pastor vielleicht ungewollt immer wieder solche Menschen an, die Probleme mit ihren Eltern durch Übertragung zu verarbeiten suchen. Dann legt er eine falsche Geduld an den Tag und schafft es so nicht, die Übertragung beim Namen zu nennen und einzugrenzen, bevor sie andere Gemeindeglieder beeinflußt. In solch einem Fall muß es der Pastor lernen, die Einsicht anderer zu akzeptieren, die ihn und die jeweilige Situation objektiver sehen.

Das erfordert eine seltene und kostbare Form von Demut, die es erlaubt, Menschen gegenüber, denen man vertraut, offen und ehrlich zu sein und ihren Rat anzunehmen. Die Schrift macht deutlich, daß das Maß, in dem wir Gottes Gnade empfangen, von unserer Demut abhängt, und zwar nicht nur Gott gegenüber, sondern auch voreinander: „Alle aber begegnet einander in Demut. Denn Gott tritt den Stolzen entgegen, den Demütigen aber schenkt er seine Gnade“ (1. Petrus 5,5; EÜ).

Es ist die Tugend der Demut, die Leiter davor schützt, ein Problem entweder fälschlich als Übertragung zu identifizieren oder ihren Anteil daran zu übersehen (daß sie nämlich Menschen mit Übertragungsproblemen anziehen). Zusammen mit der Freundschaft vertrauenswürdiger Menschen ist solche Demut ein Geschenk, das der Vater seinen Kindern gerne gibt.

Der Mißbrauch des Begriffs Übertragung

Der offensichtlichste Fehler, den es zu vermeiden gilt, ist eine Fehldiagnose des Problems. Es gibt mehrere typische Konstellationen, in denen so etwas vorkommt. In manchen Fällen zieht man voreilig Schlußfolgerungen, weil man nicht genug über Übertragung weiß. Dem kann man abhelfen, indem man sich mit den Anzeichen für eine Übertragung näher vertraut macht und sicherstellt, daß man die eigene Schlußfolgerung nicht auf lediglich ein oder zwei Indikatoren aufbaut.

Hat man in diesem Bereich schon Fehler gemacht, ist es umso wichtiger, in der Zukunft ähnliche Bedenken jemandem mitzuteilen, der vertrauenswürdig ist. Wenn beispielsweise eine Mitarbeiterin der Überzeugung ist, daß eine Person in ihrem Umfeld ein Problem mit Übertragung hat, dann sollte sie ihre Gedanken ihrem Pastor mitteilen. Er kann dann das bestätigen oder sie korrigieren. Pastoren brauchen wiederum den Rat anderer Pastoren oder qualifizierter Laien, bevor sie in einem solchen Fall Schritte unternehmen.

Ähnlich gelagert ist ein zweites Szenario, bei dem einer zwar das Phänomen der Übertragung versteht, aber der Sache nicht genügend auf den Grund geht. Deshalb wird die sogenannte Diagnose schnell zu einem Fehlurteil. Dann ärgern sich die Leute in seiner Umgebung natürlicherweise darüber. Man sieht es nicht so gerne, wenn sich ein Amateur die Rolle eines Psychologen anmaßt.

Nach solch einer Erfahrung ist es verständlich, daß der Betreffende nicht mehr viel von Übertragung wissen will. Und damit bringt er sich um die Chance, mit dieser Dynamik richtig umgehen zu können.

Die Antwort für den, der vorschnell oder falsch urteilt, liegt in einer größeren Demut. Er muß sich mit anderen besprechen, die seine Neigung bremsen können, die Probleme anderer vorschnell in bestimmte Schubladen zu stecken. Und die Leute in seinem Umfeld müssen natürlich bereit sein, ein Problem zu sehen, zu benennen und anzupacken, statt es aus falscher, sentimentaler Liebe heraus zu übersehen.

Drittens gibt es Menschen, die den Begriff der Übertragung mißbrauchen, um Beschwerden gegen sich selbst oder andere Leute abzuwehren. So kann ein Pastor, der tatsächlich den Hang zur Kontrolle hat, jemand brüsk abweisen, der ihn darauf anspricht. Er weist dann diese Beobachtung vielleicht nicht nur zurück, sondern besteht darauf, daß sein Gegenüber ein Problem mit Übertragung habe. Das diskreditiert diese Person und impliziert, daß ihre Wahrnehmung nicht vertrauenswürdig ist. In solchen Situationen dient der bedenkenlose Gebrauch dieser Begriffe nur dem Verschleiern der wahren Probleme.

Schließlich halten einige schon für Übertragung, was nur die unvermeidlichen Schwierigkeiten sind, die mit der Vertiefung einer Beziehung einhergehen. Als solche sind sie völlig normal. Dieser Irrtum entsteht größtenteils nicht nur aus einem mangelnden Verständnis von Übertragung, sondern auch aus fehlender Einsicht in die Dynamik von wachsenden Beziehungen. So müssen beispielsweise bestimmte Fehlwahrnehmungen durchgearbeitet werden, wenn sich eine Beziehung von einer bloßen Bekanntschaft zu einer Freundschaft wandelt.

Letztlich projizieren alle Menschen in ähnlicher Weise ihre Emotionen und Erfahrungen aus der Vergangenheit auf gegenwärtige Beziehungen. Eine Frau, die eine Fehlgeburt erlebt hat, kann sich beispielsweise gut in die Lage einer anderen Frau einfühlen, die gerade das gleiche durchmacht. Eine solche Projektion dient als Basis für Empathie (Einfühlungsvermögen) und ist von großer Bedeutung für eine echte Beziehung. Sie hat nichts mit Übertragung zu tun. Demgegenüber blockieren und zerstören Projektionen und Fehlwahrnehmungen, die mit einer Übertragung einhergehen, eine Beziehung, statt sie zu ermöglichen.

Isolation oder Flucht

Wie wir bereits gesehen haben, müssen Seelsorger Gemeinschaft mit kompetenten Kollegen suchen, wenn sie die erwähnten Fallen vermeiden wollen. Sie brauchen diese Unterstützung auch, um nicht kaputtzugehen, wenn sie selbst zum Objekt der Übertragung anderer werden.

Wenn beispielsweise ein christlicher Leiter zur Zielscheibe der krankhaften Emotionen eines Menschen wird, braucht er dringend den weisen und kompetenten Rat und das Gebet von anderen. Wenn er bisher noch nicht Teil einer Gebetsgruppe ist, dann kann es bereits zu spät sein, eine dafür zu gründen. Wenn man nicht von anderen getragen wird, ist man geneigt, den falschen Leuten Vertrauen zu schenken (die beispielsweise selbst unter dem Einfluß der Übertragung stehen), sich zu isolieren oder vor der Situation ganz einfach davonzulaufen.

Will ein christlicher Freundeskreis eines seiner Mitglieder unterstützen, das zur Zielscheibe einer Übertragung geworden ist, so müssen sie einander gut genug kennen und vertrauen, um die Beschuldigungen und Anliegen offen diskutieren zu können. Sie werden schnell sehen, wenn eine Behauptung lächerlich ist und nicht ernst genommen werden kann. Ebenso werden sie erkennen, wenn eine Beschuldigung auf eine echte Schwäche zielt, wo der Betreffende dazulernen muß. Außerdem werden sie mit der persönlichen Vorgeschichte des Betreffenden vertraut genug sein, um subjektive und sündhafte Reaktionsmuster zu erkennen. Schließlich werden sie genügend gegenseitiges Vertrauen haben, um persönlich füreinander zu beten und einander weisen Rat zu geben.

Die Mitglieder einer solchen Gruppe können sehr konkret für jemand beten, der zum Objekt einer Übertragung geworden ist. Erkennt man, daß eine dämonische Bedrückung vorliegt, dann können die Gebetspartner ihre geistliche Autorität einsetzen, um diese dunkle Macht zu vertreiben. Solch ein Gebet kann ganz schlicht lauten: „Herr, in dem heiligen Namen Jesu bitten wir dich, diese Dunkelheit von seinem Leib, seinen Gedanken und seinem Geist zu nehmen. Komm, Heiliger Geist, und erfülle ihn mit deinem Licht, deiner Wahrheit und deiner Liebe.“ [1)] In ähnlicher Weise kann die Gruppe den Herrn dann bitten, den Betreffenden geistlich und körperlich von allen Auswirkungen der Sünde anderer zu befreien, wie Verleumdungen, Neid, Gerüchten etc.

Hat der Betreffende selbst sündhaft auf die Übertragung reagiert, kann die Gruppe ihn dahin führen, seine falschen Reaktionen zu bekennen. Auch kann sie ihn leiten, dem Subjekt der Übertragung und allen anderen, die sich mit hineinziehen haben lassen, Vergebung auszusprechen. Alle Worte der Ermutigung und der Weisheit aus der Schrift, die während des Gebets kommen, sollten aufgeschrieben werden, so daß der Betreffende immer wieder darauf zurückkommen kann. Oft muß er nämlich einige Zeit warten, bis der Herr das Problem ganz gelöst hat.

Die Grenzen von Therapie

Manche Leute, die es mit Übertragung zu tun bekommen, schrekken sofort davor zurück und empfehlen dem Betroffenen die Hilfe eines professionellen Therapeuten. Aber ohne die Erleuchtung des Heiligen Geistes und ein tiefgehendes Verständnis der Dynamik von Übertragungen können selbst gute Seelsorger und Psychologen mit ihren Versuchen im Dunkeln tappen, das Problem zu erkennen, zu interpretieren und zu lösen. Das gilt besonders, wenn die Übertragung nicht in der Beziehung zwischen dem Klienten und dem Therapeuten stattfindet, sondern einer dritten Person gegenüber.

Die therapeutische Ausbildung konzentriert sich im Bereich der Übertragung fast ausschließlich auf die Klient-Therapeut-Beziehung. Deshalb sind die meisten Seelsorger und Berater gar nicht darauf eingestellt, daß eine Übertragungsdynamik in den sonstigen Beziehungen ihres Klienten auftreten könnte. Wenn das der Fall ist, sind sie auf die Situationsschilderung ihres Klienten beschränkt. Sie können nicht selbst den Realitätsgehalt seiner Wahrnehmungen durch Gespräche mit anderen überprüfen. Das ist natürlich eine völlig andere Situation, als wenn der Therapeut selbst zum Objekt der Übertragung wird und deshalb die Wahrnehmung seines Klienten bestätigen oder entkräften kann.

Ein weiterer Grund für die begrenzten Fähigkeiten von Therapeuten, jemand zu helfen, der an Übertragung leidet, liegt in ihrer mangelnden Ausbildung für die moralischen und geistlichen

Aspekte einer Übertragung. Sie sind vielmehr darauf eingestellt, Übertragung als eine reale, aber moralisch neutrale Dynamik im therapeutischen Prozeß zu behandeln. Sie sind aber nicht darauf vorbereitet, einem Klienten zu helfen, Herzenssünden wie Neid, Bitterkeit, Böswilligkeit usw. zu erkennen, beim Namen zu nennen und sich davon abzukehren.

Solange ein Therapeut nicht weiß – und beruflich die Freiheit hat –, wie man die Gegenwart Gottes in den therapeutischen Prozeß einlädt, wird es in diesem Kontext auch nicht dazu kommen. So liegt die Verantwortung bei dem Einzelnen, in eine lebendige, persönliche Beziehung zu Gott einzutreten, in der er oder sie die Erleuchtung und die Gnade findet, umzukehren und den Menschen und Umständen zu vergeben, aus denen die Übertragung ihre Kraft bezogen hat.

Angesichts der Grenzen eines Therapeuten im Umgang mit Übertragungen, die außerhalb seines Sprechzimmers passieren – ganz zu schweigen von dem Mangel an fähigen christlichen Therapeuten – suchen die Leute ganz natürlich in ihren bestehenden Beziehungen nach Hilfe. Das schließt auch die Person ein, die zum Objekt der eigenen Übertragung geworden ist. Aber die meisten Beziehungen wie Freundschaften, Ehe, Seelsorgebeziehungen und Arbeitsverhältnisse können der Verwirrung und der häufig auftretenden geistlichen Bedrückung, die eine Übertragungsdynamik erzeugt, nicht standhalten. In solchen Fällen ist ein fähiger Therapeut oder Seelsorger, der etwas von Übertragungen versteht, vonnöten, um dem Betroffenen zu helfen, die Gegenwart von der Vergangenheit zu unterscheiden und so den Druck auf die aktuellen Beziehungen zu lindern.

Seelsorger, ob professionell oder Laien, können für eine Person in Übertragung sehr hilfreich sein. Aber sie müssen ihre Grenzen kennen und den rechten Abstand zu ihrem Gegenüber wahren. So dürfen sie beispielsweise nicht eine Situation herbeiführen, in der sie die Geheimnisse der Seele des anderen enthüllen wollen oder zu Ersatzeltern zu werden, um die Defizite der Vergangenheit auszugleichen. Sie können auch die Übertragung nicht als therapeutische Methode einsetzen, wie es ein Fachmann täte, sondern müssen den Betroffenen auf das Kreuz und seine Ressourcen verweisen. Nur dort kann der Notleidende den Mut bekommen, sich der Vergangenheit zu stellen, wie sie wirklich war, um dann zu vergeben, seinen Verlust zu betrauern und in der Freiheit zu leben, die Gott ihm schenkt.

Gefährliche subjektive Reaktionen

In vielen Fällen ist Übertragung so wie bei mir eine einseitige Angelegenheit. In anderen Fällen aber ruft die Übertragung eine Gegenübertragung und weitere subjektive Reaktionen bei ihrem Objekt hervor. Um sich klar zu machen, wie eine Gegenübertragung außerhalb eines therapeutischen Umfelds aussieht, ist es hilfreich zu verstehen, wie sie innerhalb eines solchen abläuft. Ein gutes Beispiel dafür bietet der Fall von Kirk, einem professionellen Seelsorger, und seiner Klientin Mary.

Mißverständnisse und Verwirrung

Mary war vom Sozialamt an Kirk überwiesen worden. Sie erschien zu einem ersten Termin, um den notwendigen Papierkram zu erledigen. Aufgrund eines Mißverständnisses hinsichtlich des Termins war sie noch dabei, die Unterlagen auszufüllen, als ihre Sitzung eigentlich hätte beginnen sollen. Zusätzlich waren ihre Unterlagen im Büro verlegt worden. Also verpaßte sie ihre erste Sitzung. Das wurde zum Auftakt einer Reihe von Frustrationen zwischen Mary und Kirk.

Kirk versuchte, ihr die Verfahrensweise von Sozialämtern zu erklären und wollte sie ermutigen, deren Langsamkeit nicht persönlich zu nehmen. Aber als er das tat, beschuldigte ihn Mary, er hätte sich mit dem Bezirksgesundheitsamt verschworen, um zu verhindern, daß sie für ihren Sohn die nötige Hilfe bekäme.

Daraufhin bat Kirk sie ruhig, ihm ihre Verschwörungstheorie zu erklären. Statt dessen attackierte Mary ihn und stellte seine fachliche Kompetenz als Therapeut in Frage. Sie drohte ihm auch mit juristischen Schritten. Das erwischte Kirk auf dem falschen Fuß, und er fing an, sich zornig zu verteidigen. Es kam zu einem Streit, die Sitzung dauerte dreißig Minuten länger als geplant, und schließlich forderte Kirk die Frau auf, sein Büro zu verlassen.

Unweises Lieben und Hassen vermeiden

Viele Stunden später war Kirk immer noch aufgebracht und ging in Gedanken immer wieder den Streit durch. Nach einer nahezu schlaflos verbrachten Nacht erkannte er schließlich, daß dieser

Vorfall einen tiefen, unbewältigten Zorn aus seiner Kindheit ausgelöst hatte. Nachdem er für eine solche Situation mit ihrer möglichen Dynamik ausgebildet worden war, erkannte er, daß sein Ärger Teil einer Gegenübertragung auf Mary war.

Ein paar Tage später besprach er dann diese Situation mit seinem Supervisor und entschuldigte sich anschließend in aller Demut bei Mary dafür, daß er seinen Ärger herausgelassen hatte. Er erwähnte dabei nicht, daß seine Reaktion mit seiner eigenen Vergangenheit zu tun hatte.

Im Verlauf mehrerer Monate war Mary in der Lage, ihre Übertragung auf Kirk durchzuarbeiten und sich mit ihrem grundsätzlichen Verfolgungswahn gegenüber Sozialämtern auseinanderzusetzen. Und auch Kirk war in der Lage, die Gegenübertragung zu vermeiden, auch wenn er dazu manchmal seine subjektiven Reaktionen gegenüber Marys irrationalen Angriffen überprüfen mußte. Wäre Kirk nicht in der Lage gewesen, seine subjektiven Reaktionen in den Griff zu bekommen, dann hätte er Mary an einen anderen Therapeuten überweisen müssen.

Frank Lake hat die Gefahr von Gegenübertragungen im Umgang mit paranoiden Klienten wie Mary beschrieben:

> Manchmal wird der Pastor dazu gezwungen, dieses bedürftige Kind zu lieben, zu anderen Zeiten dazu, dieses hassenswerte Kind zu hassen. Wenn er nicht gerade übermenschliche Tugenden hat, wird er unweise lieben und hassen, und das zu gut. Die Verwirrung des Gemeindeglieds bleibt bestehen, denn nur wenige von uns wagen es, unter den verheerenden Angriffen von paranoiden Verhören und Verdächtigungen sowohl liebevoll wie auch aufrichtig zu sein.[2)]

Im vorliegenden Fall war Kirk sowohl liebevoll wie aufrichtig. Trotzdem vermied er es mit allen ihm zur Verfügung stehenden Mitteln, Mary weitere Munition für ihre paranoiden Beschuldigungen ihm gegenüber zu liefern.

In schmerzlichen Situationen Hilfe suchen

Gegenübertragungen, wie sie dieser Therapeut erlebte, treten auch in seelsorgerlichen Situationen auf. Diese Gefahr muß unbedingt vermieden werden. Wenn es aber dazu kommt, dann braucht derjenige, der Subjekt der Gegenübertragung ist, genausoviel Hilfe wie derjenige, der Subjekt der Übertragung ist. So leidet die Person, auf die sich die Übertragung richtet, vielleicht unter dem Ausbruch ihrer verdrängten Gefühle und Erinnerungen, die sie allein nicht bewältigen kann. Der Streß, das Objekt einer starken Übertragung zu sein, kann zu einem körperlichen oder emotionalen Zusammenbruch führen.

Häufiger allerdings kommt es zu bestimmten subjektiven Reaktionen bei dem Opfer einer Übertragung, die die Situation verkomplizieren und verschlimmern. So hatte beispielsweise der Pastor einer großen Gemeinde verzweifelt versucht, ungerechte Anschuldigungen gegen seine Person zu bewältigen. Nach einigen Monaten engagierte er dann einen kostspieligen Konfliktlösungsspezialisten, der sich beide Seiten anhören sollte, um eine Lösung herbeizuführen.

Als eine Frau in der Gemeinde von diesem Spezialisten hörte, deutete sie dem Pastor gegenüber an, seine Motive für die Einbeziehung dieses Fachmanns wären selbstsüchtig gewesen. Darauf reagierte er lautstark und beklagte sich über die ausweglose Lage, in die ihn ihre Vorwürfe brächten. Sein Zorn hatte nichts mit seiner Vergangenheit zu tun; es war eine ehrliche Reaktion auf eine extrem frustrierende und schmerzhafte Situation in der Gegenwart. Unglücklicherweise wurden einige seiner Gegner Zeugen seines Gefühlsausbruchs und setzten das sofort auf ihre Liste von Beschwerden gegen ihn.

Deshalb muß es das Objekt einer Übertragung unbedingt lernen, solche subjektiven Reaktionen unter Kontrolle zu behalten. Auch wenn der Betreffende dringend seinem Frust Luft machen muß, muß er doch außerordentliche Vorsicht walten lassen, wann und wo das geschieht.

Stolze Friedensstifter

Wer den Dienst christlicher Leiter in irgendeiner Weise unterstützt und begleitet, steht vor großen Herausforderungen und Versuchungen im Hinblick auf Übertragungsphänomene. Wenn beispielsweise ein Leiter zur Zielscheibe einer Übertragung wird, dann kann einer seiner Mitarbeiter in die Versuchung kommen, voll Stolz die Rolle eines Friedensstifters zu übernehmen. Er versucht dann vielleicht, die beiden Parteien dazu zu bringen, miteinander zu reden, oder er spielt den geheimen Vermittler, um eine Lösung herbeizuführen.

Bei der Übernahme dieser neuen Rolle überschätzt er seine Fähigkeit, die destruktive Macht einer ernsten Übertragung einzugrenzen. Seine Anstrengungen schlagen fehl. Im allgemeinen wird er dann in die irrationalen, streitsüchtigen Behauptungen dessen, der in Übertragung lebt, hineingezogen und gerät in die gleiche Nebelwolke von geistlicher Bedrückung.

Wird er daraufhin angesprochen, daß er jetzt selbst zu einem Teil des Problems geworden ist, steht er vor einer wichtigen Entscheidung: Wird er sich ehrlich der Tatsache stellen, daß die Übertragung eines anderen sich bei seinen eigenen ungelösten Problemen eingeklinkt hat? Wird er den Stolz bekennen, mit dem er den Vermittlungsversuch unternommen hat? Wird er anerkennen, daß er die Situation nur noch verschlimmert hat? Wird er alle dämonischen Störmanöver und Einmischungen sowie die menschlichen Fehlinformationen und Verleumdungen abschütteln können?

Genau wie jemand in Übertragung muß er *die Wahl treffen*, das zu glauben, was wahr ist, und jeder Neigung zu geistlicher und intellektueller Lethargie widerstehen. Wenn er den Kampf um die Wahrheit in seinem eigenen Verstand verliert oder seinen Stolz nicht aufgibt, dann wird auch er in geistliche Täuschung geraten.

Recht oft wird es Anzeichen dafür geben, daß jemand mit irrationalen Gedanken über den Leiter ringt, dem er beistehen soll. So mag er Angst bekommen, einen „kontroversen" oder „umstrittenen" Dienst zu unterstützen, auch wenn er auf Nachfrage hin zugeben würde, daß dies unlogisch ist. Oder er zieht sich aus seinem Engagement im Dienst zurück, weil er die paranoiden Gedanken der Leute in Übertragung verinnerlicht hat.

In ähnlicher Weise gibt er vielleicht seinen persönlichen Kontakt zu dem Leiter auf, weil er sich irrationalen Ängsten geöffnet hat. Oder er distanziert sich von dem Dienst, weil er sich durch die Anstrengung des geistlichen Kampfes und die Verantwortung für die Wahrheit zu sehr unter Druck gesetzt fühlt. Wenn er auf irgendeine Weise seinen irrationalen Ängsten nachgibt, dann leidet das ganze Werk darunter, da er eine Lücke in der Mitarbeiterschaft hinterläßt und der Leiter einen weiteren Bundesgenossen verloren hat.

Hat der Betreffende erkannt, daß er selbst unter den Druck der Übertragung eines anderen gekommen ist, liegt die Lösung darin, das zuallererst einmal in Demut zuzugeben. Wenn er den Heiligen Geist, den Geist der Wahrheit, anruft, dann sollte er mit großer Sorgfalt den Prozeß, durch den er in diese Falle geraten ist, unter Gebet schriftlich festhalten. Dabei muß er seinem eigenen Verhalten und seinen Einstellungen besondere Aufmerksamkeit widmen.

Wo er gesündigt hat, muß er das so konkret wie nur möglich vor Gott bekennen. Schließlich muß er möglicherweise das, was er aufgeschrieben hat, jemandem mitteilen, der die Dynamik von Übertragungen versteht und ihm helfen kann, eine größere Objektivität zu gewinnen. Er braucht wahrscheinlich auch Gebet, um von der geistlichen Bedrückung frei zu werden. Schließlich muß er allen Anweisungen Gottes Folge leisten, um seine Beziehung zu dem Leiter, mit dem er arbeitet, wieder in Ordnung zu bringen.

Im Gegenzug kann dann ein derartiger Mitarbeiter auch von entscheidender Wichtigkeit sein, wenn es darum geht, einem Leiter in solchen Umständen zu helfen. Er erkennt vielleicht, wie sich in einer bestimmten Situation allmählich eine Übertragung aufbaut, und kann so mithelfen, sie zu entschärfen, bevor es zur Explosion kommt. Er ist unter Umständen auch in der Lage, andere davor zu warnen, sich in diese Dynamik hineinziehen zu lassen. Und schließlich kann er eventuell sogar dem Leiter einen Weg vorschlagen, wie er anderen möglichen Übertragungen aus dem Weg gehen kann.

Sündige Hirten

Manchmal sind es die geistlichen Leiter selbst, die in einer Übertragung leben. Weil ihre Stellung ihnen Macht und Autorität verleiht, werden ihre Übertragungen oft nicht hinterfragt. Natürlich wird die Lage für jemand, der zum Objekt der Übertragung eines Leiters geworden ist, außerordentlich gefährlich. Oft wird er gezwungen sein, die Gemeinde zu verlassen. Aber dieses Problem bringt auch Pastor und Gemeinde in eine geistlich hochgefährliche Lage.

Die häufigste Konstellation dürfte sein, daß ein männlicher Pastor eine Übertragung auf Frauen in der Gemeinde richtet. Solche Übertragungen können sich sehr unterschiedlich gestalten. Zuerst idealisiert der Pastor die Frau in einer Phase der positiven Übertragung. Er ermutigt sie vielleicht, Leitungsaufgaben in der

Gemeinde zu übernehmen, selbst wenn sie dazu gar nicht bereit ist. Wenn seine Idealisierung erotisch wird, dann ist er durch sexuelle Versuchungen außerordentlich gefährdet; das kann bis zu dem Punkt sexueller Aggressivität gehen. Ist der Pastor verheiratet, dann wird seine Frau bald im Schatten der von ihm idealisierten Frau stehen; dabei spielt es keine Rolle, ob die Übertragung sexuelle Obertöne hat oder nicht.

Wenn sich dann die Übertragung ins Negative wendet, verändern sich seine Gefühle für das Objekt seiner Übertragung ins Gegenteil; er wird der Frau gegenüber äußerst kritisch. Im Extremfall greift er sie vielleicht sogar öffentlich an und vertreibt sie aus der Gemeinde. Wenn der Pastor nicht merkt, was vorgefallen ist, findet er bald eine andere Frau, die er idealisiert –, und der Kreislauf beginnt von vorne. Natürlich kann solch eine Dynamik in den unterschiedlichsten Bereichen ablaufen, nicht nur in einer Gemeinde.

Wie jeder, der sich in einer Übertragung befindet, wird auch der Pastor bis zu einem gewissen Grad seinen Zugang zur Realität verlieren. Dies beeinträchtigt ihn auch in anderen Bereichen, wie Lehre, Predigt, Seelsorge und Gemeindeleitung. Bekennt er seine Sünde nicht, dann gibt das auch anderen Leuten den Freiraum zu sündigen und macht die Gemeinde anfällig für intensive geistliche Angriffe. Und natürlich steht der Pastor in der Gefahr, seinen eigenen Dienst zu diskreditieren und sein Ansehen zu verlieren.

Wie wir gesehen haben, gibt es viele Fallen, die man vermeiden muß, wenn man Übertragung bei anderen ansprechen will. Vielleicht hat sich bei Ihnen jetzt beim Lesen dieser Zeilen immer mehr das mulmige Gefühl breitgemacht, Sie selbst befänden sich in einer Übertragung. So etwas offen anzusprechen ist der erste Schritt zur Freiheit. Dem wollen wir uns als nächstes zuwenden.

Kapitel 12

Und wenn man selbst das Problem ist?

Haben Sie den Verdacht, daß Sie selbst an der Last eines schweren Wolfspelzes zu tragen haben? Dann können Sie einige praktische Schritte unternehmen, um dieses erstickende Gewand wieder loszuwerden und in die Freiheit eines Kindes Gottes zu kommen. Das erste ist natürlich, daß Sie sich einigermaßen sicher sind, in einer Übertragung auf jemand anderen zu leben. Das mag auf Sie zunächst einmal entmutigend und beschämend wirken. Die Bereitschaft, sich dies einzugestehen, ist aber ein starker Hinweis darauf, daß Sie sich schon auf dem Weg der Heilung befinden. Im Gegensatz dazu ist jemand, der sich eisern weigert, die Möglichkeit einer Übertragung überhaupt auch nur in Betracht zu ziehen, am weitesten von jeder Hilfe entfernt.

Wenn Sie sich nicht sicher sind, ob bei Ihnen eine Übertragung vorliegt, kann Ihnen die folgende Liste von Fragen helfen. Sollten Sie auf viele dieser Fragen mit Ja antworten, dann dürfte sich Ihre Unsicherheit klären. Ich möchte allerdings auch betonen, daß es bei diesen Fragen sehr darauf ankommt, wie *häufig* diese Verhaltensweisen auftreten. Manche Arten von Beziehungsdynamik, die typisch für eine ungesunde Übertragung sind, können in stark abgeschwächter Form auch in gesunden Beziehungen auftreten. Das gilt natürlich nicht für die offen sündhaften, von Streitsucht und Verleumdungen gekennzeichneten Verhaltensweisen.

- Kreisen meine Gedanken ständig um eine spezifische Person oder Situation? Kann ich vor lauter Gedanken an diese Person nur noch schlecht schlafen? Spüre ich, daß mir keine Kraft mehr bleibt für andere wichtige Dinge, weil ich hiervon so stark in Beschlag genommen bin?
- Erzähle ich anderen häufig von meiner Beziehung zu dieser Person und idealisiere sie dabei, oder mache ich dabei meiner Kritik Luft?
- Habe ich häufig mit Neid oder Eifersucht zu kämpfen, wenn ich an die betreffende Person denke?
- Frage ich mich häufig, was diese Person über mich denkt oder empfindet? Habe ich später feststellen müssen, daß dies kaum etwas mit der Wahrheit zu tun hatte?
- Wird mein Gebet häufig dadurch unterbrochen, daß ich an diese Person denken muß?
- Bete ich fast ausschließlich für ihn/sie?
- Verurteile ich beim Bibellesen diese Person und denke, diese kritischen Verse treffen auf sie zu?
- Habe ich kindische/unrealistische Erwartungen an diese Person? Bekomme ich Wut- und Tobsuchtsanfälle? Erlebe ich auch in anderen Bereichen meines Lebens einen Rückfall in kindliche Verhaltensweisen?
- Spüre ich ein erhöhtes Maß an geistlicher Bedrückung?
- Hat meine Wahrnehmung des anderen immer weniger mit der Realität zu tun?
- Habe ich häufig Gerüchte über diese Person erzählt?
- Kommt es bei mir häufig aus geringem Anlaß zu Überreaktionen gegenüber dieser Person? Oder habe ich mir Fehler und Verstöße eingebildet, wo es keine gab? Oder waren sie vielleicht unabsichtlich?
- Fühlt sich der andere durch mein Bedürfnis, zu reden oder Zeit mit ihm zu verbringen, überwältigt? Frißt meine Beziehung zu ihm/ihr soviel an Zeit, daß ich mich nicht mehr genug um andere Beziehungen bzw. Verantwortlichkeiten kümmern kann?

Wenn wir anfangen, uns eine Übertragung einzugestehen, ist die Hilfe anderer von entscheidender Bedeutung. Wir brauchen Menschen, denen wir vertrauen, damit sie unsere Einschätzung der Situation bestätigen oder verwerfen. Wir benötigen ihre Hilfe auch, um einen Rückfall in das Nicht-wahrhaben-Wollen oder Aufgeben aus Verzweiflung und Depression heraus zu vermeiden. Wir brauchen den objektiven, manchmal auch direktiven Input anderer, um aus der festgefahrenen Situation herauszukommen.

Das Tempo, mit dem die Übertragung gelöst werden kann, beschleunigt sich, wenn wir unser Herz jemand anderem öffnen. Irgendwie wird durch das Mitteilen unserer Last die Macht der Täuschung – und einer möglicherweise damit einhergehenden dämonischen Bedrückung – geschwächt, die ansonsten unsere Vernunft zu überwältigen droht.

Umkehren und Lossagen

Wenn wir zu der Erkenntnis gelangt sind, daß wir an Übertragung leiden, dann ist das Bekennen unserer Sünde und die Umkehr davon der beste Ausgangspunkt für unsere Heilung. Das erschließt uns die Ressourcen des Erlösungswerks Christi am Kreuz. Als erstes müssen wir jede Form von Abgötterei gegenüber dem Objekt unserer Übertragung bekennen. Wir müssen dabei konkret aussprechen, in welcher Weise wir von dieser Person erwartet haben, daß sie Bedürfnisse in uns stillt, die nur Gott erfüllen kann.

Wenn eine Frau von einem anderen Menschen beispielsweise erwartet, die tiefe Deprivation (Mangel an Mutterliebe) ihrer frühen Kindheit wettzumachen, dann muß sie die Sünde der Abgötterei bekennen. Sie erwartet damit nämlich von einem anderen Menschen etwas, das nur Gottes heilende Berührung ihr schenken kann. In ähnlicher Lage muß ein Mann vielleicht das Verlangen bekennen, seine Frau solle sich so um ihn kümmern, wie eine Mutter sich um ihr kleines Kind kümmert.

Wir müssen außerdem eingestehen, daß wir von bestimmten Personen die Stillung von Bedürfnissen erwartet haben, die eigentlich in einer ganz anderen Beziehung ihren Platz haben. So muß ein Frau vielleicht bekennen, daß sie von ihrem Pastor eine Bestätigung erwartet hat, die ihr nur ihr Vater hätte geben können, oder daß sie eine emotionale Nähe zu ihm gesucht hat, die nur ihrem Mann zusteht. Indem sie ein solch falsches Verlangen bekennt und sich davon abwendet, stellt sie sich in die Ordnungen Gottes hinein, wie die Schrift sie offenbart. Sie gibt damit zugleich auch ihre falschen Vorstellungen von Beziehung auf sowie das hartnäckige, rebellische Insistieren auf der Stillung ihrer Bedürfnisse durch unangemessene Mittel.

Anschließend nennen wir auch jede andere Sünde beim Namen, die eine Folge der Übertragung ist, wie das Verbreiten von Gerüchten, Verleumdungen und dummem Gerede, außerdem Böswilligkeit, unmäßigen Zorn, Eifersucht, Neid usw. Wenn wir all das vor Gott bekannt und seine Vergebung empfangen haben, müssen wir unter Umständen auch diejenigen um Vergebung bitten, die wir verletzt haben. Wenn dann schließlich die Quelle unserer Übertragung ans Licht kommt, müssen wir auch unsere falschen Reaktionen auf schwierige Umstände, Leid oder die Sünden anderer an uns bekennen.

So kenne ich beispielsweise einen Mann, der in der frühen Kindheit eine falsche Mutterbindung entwickelt hatte und deshalb auf die Geburt eines Bruders mit heftiger Eifersucht reagierte. Sein ganzes Leben lang hatte er immer wieder Neid und Eifersucht gegenüber anderen Männern empfunden. Diese Geschichte kam im Zuge einer Übertragung auf einen Kollegen ans Licht. Nun mußte er Reaktionen als Sünde bekennen, die er seit seiner frühen Kindheit gehabt hatte. Nachdem er die Verantwortung für seine Reaktionen in der Vergangenheit übernommen und seine Schwächen in der Gegenwart bekannt hatte, empfing er Gottes Vergebung. Und dann konnte er auch seiner Mutter vergeben.

Das Denken beruhigen

Wenn wir eine Übertragung loswerden wollen, müssen wir den Kampf mit unseren alten Denkmustern und Gewohnheiten aufnehmen – und gewinnen. Solange wir unsere Gedanken auf das Objekt unserer Übertragung richten, werden wir keine nennenswerten Fortschritte erzielen. Deshalb müssen wir uns eingestehen, daß wir unter dem Strich nicht die „Gegenwart Gottes praktiziert“ haben, sondern die Gegenwart eines Menschen. Damit meine ich, daß wir unser Herz und unsere Gedanken nicht auf Gott, sondern jemand anderen konzentriert haben.

Von nun an müssen wir unsere Verantwortung wahrnehmen, zu wählen, woran wir denken – und das ist ein Akt unseres Willens. Wenn wir uns beispielsweise dabei ertappen, daß wir ein imaginäres Gespräch mit jemand anderem führen oder daß wir ihn streitsüchtig und kritisch unter die Lupe nehmen, dann stoppen wir einfach diese Gedanken. Anschließend richten wir die Augen unseres Herzens auf Gott und bekennen ihm unsere krankhaften Gedankenmuster. Dann können wir unseren Kopf und unser Herz auf Gott konzentrieren.

An diesem Punkt hilft uns eine mentale Überprüfung der Realität weiter. So können wir uns etwa die Frage stellen: „Wo bin ich? Was sollte ich in diesem Moment eigentlich tun?“ Mit der Beantwortung dieser Fragen richten wir unsere Aufmerksamkeit wieder auf die vor uns liegende Situation und verlassen die Fantasiewelt unserer Zwangsvorstellungen.

Bei dem Prozeß, die Kontrolle über mein Denken zu lernen, hatte ich oft das Gefühl, etwas Unmögliches von mir zu verlangen. In solchen Momenten erinnerte ich mich an die Worte des Apostels Paulus aus 2. Korinther 10,5: „Wir zerstören damit Gedanken und alles Hohe, das sich erhebt gegen die Erkenntnis Gottes, und nehmen gefangen alles Denken in den Gehorsam gegen Christus.“ Paulus mag sich hier nicht mit meinem konkreten Problem auseinandersetzen, aber er verstand, daß die Herrschaft Christi sich notwendigerweise auch auf den Bereich unserer Gedanken erstrecken muß.

Wenn ich mich dem Sturm in meinem Denken hilflos ausgeliefert fühlte, bat ich Gott verzweifelt, aber zuversichtlich darum, ihn zur Ruhe zu bringen. Denn natürlich kann der Sohn Gottes, der den tobenden Sturm auf dem See Genezareth stillte, seinen Frieden auch in meine geängstigten Gedanken hineinsprechen. Auf diese Bitte hin hat er noch jedesmal seinen Heiligen Geist gesandt. Und das Licht Gottes begleitete diese Erfahrung eines übernatürlichen Friedens und gewährte mir tiefere Einsicht in die eigentlichen Wurzeln meiner Not.

Wenn wir mit falschen Gedankenmustern kämpfen, versuchen wir nicht einfach unsere schmerzerfüllten Gedanken auszulöschen, als ob sie nichts weiter als ein gefährliches Feuer wären. Vielmehr muß unsere gesamte Art zu denken und zu fühlen geheilt und erneuert werden. Meines Wissens ist die beste Möglichkeit dazu das Führen eines Gebetstagebuchs.[1)]

Das könnte dann folgendermaßen aussehen: Zuerst laden wir die Gegenwart Gottes ein und bitten ihn um Hilfe, unsere Gedanken und Gefühle ehrlich aufschreiben zu können. Danach legen wir uns eine Bibel in Reichweite. Jetzt fangen wir an, die immer wiederkehrenden Themen unserer Gedanken, Ängste, Fantasien usw. aufzuschreiben. Das dient mehreren Zwecken: Es hilft uns zum einen, das Durcheinander unserer Gedanken zu entwirren; es macht zudem deutlich, welche Gefühle sich mit ihnen verbinden und es liefert uns schließlich fixierte Aufzeichnungen, die es uns erschweren, einfach wieder in die Haltung des Nicht-wahrhaben-Wollens bzw. Leugnens zurückzufallen.

Dieser Prozeß erlaubt es uns auch, einen Schritt zurückzutreten und unsere Gedanken von einer objektiveren Warte aus zu sehen. Wir können so beispielsweise darüber lachen, wie kleinkariert manche unserer Vorstellungen sind. Oder wir können endlich anfangen, uns der Trauer zu öffnen, wenn wir den ungeheuren Schmerz in unseren Aufzeichnungen erkennen. Vielleicht erkennen wir plötzlich die Gefahr, in der wir uns befinden, und suchen die professionelle Hilfe eines Beraters, Therapeuten oder Psychiaters.

Schließlich hören wir auf das Wort, das der Herr zu uns spricht, sei es durch die Schrift oder durch die leise innere Stimme des Heiligen Geistes. Das schreiben wir dann ebenfalls in unser Gebetstagebuch. Wir bitten den Herrn konkret darum, die verletzten Bereiche unserer Seele, in denen unsere Übertragung wurzelt, aufzusuchen und zu heilen.

Als Antwort gewährt der Herr uns Einsicht in die Probleme, die die Ursache der Übertragung darstellen. So hilft er uns, den notwendigen Zusammenhang zwischen Gegenwart und Vergangenheit zu verstehen. Er schenkt uns auch die wunderbare Gabe der Überführung von Sünde und läßt dabei sein Licht auf das fallen, was wir übersehen haben. Er bestätigt uns, daß wir tatsächlich verletzt worden sind, und weist uns darauf hin, daß wir selbst vergeben müssen. Er schenkt uns seinen heilenden Balsam und spricht das Wort der Ermutigung, das wir so sehr brauchen. Und schließlich läßt er uns erkennen, was wir als nächstes brauchen.

Wir haben die Autorität über dämonische Bedrückung

Auch wenn man den Einfluß dämonischer Mächte bei einer Übertragung keinesfalls übergehen darf, so kann man damit doch relativ leicht fertigwerden, wenn man ihn erst einmal erkannt hat. Denn wenn wir uns von jeder uns bewußten Abgötterei und den mit der Übertragung verbundenen Sünden losgesagt haben, dann können wir unsere geistliche Autorität ungehindert ausüben, um dämonische Einflüsse aus unserer Gedankenwelt zu verbannen. Das hilft uns enorm, das Problem obsessiver Gedanken zu überwinden, die möglicherweise aus geistlichen Quellen stammen. Wenn der Druck dämonischer Einflüsse beseitigt ist, können wir uns leichter mit unseren eigenen verwirrten Gedanken auseinandersetzen.

Wenn wir uns von unserer Übertragung lösen wollen, muß unsere Fähigkeit wachsen, die Versuchungen des Bösen immer besser zu erkennen. Ich habe bei Versuchungen drei Grundmuster feststellen können: zum ersten die Verlockung, in die alten Abwehrmechanismen gegen innere Schmerzen zurückzufallen. Jemand, der früher von Drogen oder anderen Substanzen abhängig war, gerät so beispielsweise erneut in die Versuchung, sich wieder darauf einzulassen.

Die zweite Form von Versuchung besteht darin, daß die gleichen obsessiven Gedanken, die wir so hart bekämpft haben, entweder direkt oder durch die Worte eines anderen wieder vor uns auftauchen. Und die dritte Form von Versuchung ist die Verzweiflung, bei der wir die Hoffnung auf Gottes heilende Kraft und unsere Fähigkeit zum Durchhalten aufgeben.

Gott sei Dank, daß er versprochen hat, denen zu Hilfe zu kommen, die ihn inmitten ihrer Versuchungen suchen: „So seid nun Gott untertan. Widersteht dem Teufel, so flieht er von euch. Naht euch zu Gott, so naht er sich zu euch. Reinigt die Hände, ihr Sünder, und heiligt eure Herzen, ihr Wankelmütigen“ (Jakobus 4,7-8).

Versuchungen kann man an zwei Dingen erkennen. Zum einen überlegen wir, ob die Gedanken mit der Persönlichkeit und den Handlungen Satans, wie sie die Schrift schildert, in Einklang stehen. Klagen sie einen selbst oder andere an, erwecken sie Angst, Verzweiflung, Rachegefühle, sind sie lieblos oder destruktiv usw.?

Zum zweiten können wir darauf achten, wann wir am anfälligsten für Versuchungen sind. Obwohl sie manchmal aus heiterem Himmel zu kommen scheinen, folgen sie meist einem diabolischen Zeitplan. Versuchungen kommen gerne, wenn wir schwach und anfällig sind. Oder sie kommen zu einem strategischen Zeitpunkt, wenn wir etwa kurz vor einem persönlichen Durchbruch stehen oder dem Herrn in besonderer Weise dienen wollen. Somit ist es unser Ziel, Versuchungen zu erkennen und ihnen zu widerstehen, statt ihnen ein Anrecht in unserem Herzen zuzugestehen.

Verpflichtung zum Durchhalten

Wir müssen einsehen, daß die Aufarbeitung von Übertragung Zeit braucht. Meine Beobachtung ist, daß man im allgemeinen zwischen sechs und achtzehn Monaten für diesen Prozeß braucht. In dieser Zeit muß man damit rechnen, starke Schmerzen zu durchleben – gewöhnlich solche, vor denen man ein Leben lang davongelaufen ist. Aber am Ende wartet dann ein großer Lohn. Aber es braucht dazu eine große Durchhaltefähigkeit.

Diese Standhaftigkeit ist ein Ergebnis dessen, daß wir unseren Willen darauf richten, in jeder Form mit dem Herrn zusammenzuarbeiten und dabei nach seiner Kraft zu rufen, die wir so dringend nötig haben. Der Herr hat bisher noch jeden Ruf nach Stärkung erhört, wie der Psalmist bezeugt: „Als ich den HERRN suchte, antwortete er mir und errettete mich aus aller meiner Furcht. Die auf ihn sehen, werden strahlen vor Freude, und ihr Angesicht soll nicht schamrot werden. Als einer im Elend rief, hörte der HERR und half ihm aus allen seinen Nöten“ (Psalm 34,5-7).

Unsere Kraft wird auch dadurch erneuert, daß wir uns treu zu einer Gemeinde halten, die Gott liebt und anbetet. Wenn wir dazu neigen, uns von Menschen zu isolieren, die uns verletzen könnten, kann das schwierig sein. Das verstärkt sich noch, wenn unsere Übertragung mit der Angst, anderen zu vertrauen, zu tun hat. Wenn das der Fall ist, müssen wir uns entscheiden, gegen unsere Gefühle zu handeln.

So müssen wir uns beispielsweise einfach dafür entscheiden, einen Hauskreis oder eine Gemeinde zu besuchen und eine Verabredung mit dem Pastor wahrzunehmen, selbst wenn wir davor Panik empfinden. Wir müssen zugleich unsere persönlichen Beziehungen pflegen, so sehr das möglich ist, und die alltäglichen Gelegenheiten ergreifen, die uns eine gesunde Beziehung zu anderen ermöglichen. Das hilft uns auch dazu, stärker nach außen orientiert zu sein.

Als ich meine Übertragung gegenüber Cindy aufarbeitete, war es für mich hilfreich, durch die Arbeit in der Suppenküche anderen Menschen zu helfen. Diese Aktivität bot mir eine zeitweilige gesunde Ablenkung von meinem Leiden und erlaubte es mir, meine geistlichen und emotionalen Energien wieder aufzufrischen.

Es kann auch hilfreich sein, manchmal ist es sogar unerläßlich, eine dauerhafte Unterstützung von seiten eines Seelsorgers oder Beraters zu haben. Das liefert die nötige Verpflichtung zur Rechenschaft, um an den schmerzhaften Themen weiterzuarbeiten. Zudem kann es wichtige Einsichten liefern. Manche Seelsorger können auch die Einträge unseres Gebetstagebuchs aufgreifen und unsere Probleme auf diese Weise mit uns durchbeten.

Schließlich bemerkt ein Seelsorger sofort, wenn Depressionen, Angstzustände oder ähnliche Dinge auftreten, die medizinischer Hilfe bedürfen. Solche medizinische Hilfe ist im allgemeinen dann nötig, wenn man fähig geworden ist, die Übertragung abzustreifen, und dabei dann die zugrunde liegenden Ursachen entdeckt.

Das Ablegen jeder Form von Wolfspelzen, die wir uns zugelegt haben, erfordert Zeit, Gebet, Demut und die Hilfe anderer Menschen. Wenn wir aber einmal frei geworden sind, unsere Stellung als Söhne und Töchter Gottes einzunehmen, werden wir diese falschen, hinderlichen Gewänder nie wieder überstreifen wollen.

Schluß

Ein Happy End

Wie wir in den vorangegangenen Kapiteln gesehen haben, kann es in jeder Situation, in der Menschen längere Zeit eng zusammen sind, sozusagen ganz natürlich zu einer Übertragung kommen. Das geschieht gar nicht so selten. Aufgrund der weitverbreiteten Unwissenheit in diesem Bereich enden viele, wenn nicht sogar die meisten, dieser Situationen im besten Fall unglücklich, im schlimmsten Fall in einer diabolischen Katastrophe. Aber wie meine eigene Geschichte zeigt, kann es auch zu einer wirklich glücklichen und sinnvollen Lösung kommen.

Zum Schluß dieses Buches erscheint es mir passend, eine letzte Geschichte zu erzählen. Es ist die Geschichte einer Person, die ebenfalls die grundlegende Entscheidung getroffen hatte, die eigene Heilung ganz und gar von Gott zu erwarten. Zudem hatte sie Einsicht in die Dynamik von Übertragungen. Das war von Erfolg gekrönt und führte zu einem außergewöhnlich großen persönlichen Wachstum. Es ist die Geschichte zweier meiner Kolleginnen.

Ein idealisiertes Bild

Ita wurde näher mit Mario bekannt, als dieser seine theologische Ausbildung beendet hatte und in eine Stadt in der Nähe gezogen war. Vor dieser Zeit hatte sie immer wieder kurz mit ihm Kontakt gehabt durch gemeinsame Freunde und die Seminare von Pastoral Care Ministries, bei denen er mitarbeitete.

Als Ita hörte, daß Mario in ihre Gegend zog, bot sie ihm Hilfe beim Umzug an und lagerte vorübergehend einen Teil seiner Möbel bei sich ein. Sie tat alles, was sie konnte, um ihm das Gefühl eines Zuhauses zu vermitteln. So führte sie ihn auch in die Kreise der Gemeinde ein, zu der sie sich hielt.

Nach ein paar Monaten bat Mario sie, bei seinen Seminaren die Leitung einer Kleingruppe zu übernehmen. Mario tat einen Dienst, durch den Christen bei Schwierigkeiten geholfen wurde, die sie auf dem Gebiet ihrer Sexualität hatten. Sie stimmte gerne zu und bot an, daß sich die Gruppe bei ihr zu Hause treffen könnte.

Am Anfang erlebte sie Mario als einen starken, warmen, gesunden und witzigen Mann. Je mehr sie mit ihm Kontakt hatte, umso mehr fühlte sie sich von ihm angezogen. Ihr Vertrauen und ihre Bewunderung ihm gegenüber vertieften sich noch, als sie ihn als Pastor erlebte.

Es dauerte nicht lange, bis sie merkte, daß sie ihn als möglichen Ehemann in Betracht zog. Rückblickend erkannte sie, daß sie damals schon in der ersten, positiven Phase einer Übertragung gelebt hatte. Sie hatte Mario schon von Anfang ihrer Bekanntschaft an übermäßig idealisiert.

Ita hatte vor ihrer Bekanntschaft mit Mario mehrere Jahre lang eine Therapie gemacht, mit der sie versucht hatte, eine emotionale Abhängigkeit von Frauen aufzuarbeiten. Dieses Problem ging auf die familiäre Situation ihrer Kindheit zurück. Bis zu diesem Zeitpunkt hatte sie sich selbst für zu unstabil gehalten, um eine Ehe in Betracht zu ziehen. Aber jetzt hatte sich die Lage verändert. Sie war gut in ihre Gemeinde integriert, hatte mehrere enge Freundschaften, einen stabilen Job und ein eigenes Haus. Die aufkeimenden Hoffnungen auf eine Heirat schienen für sie ein weiterer Meilenstein ihrer Heilung zu sein.

Aber in dieser Phase innerer Stabilität fing Ita an, mit einem unerklärlichen Zorn und Mißtrauen Männern gegenüber in Kontakt zu kommen. Das geschah, während sie sich allmählich für den Gedanken einer Heirat erwärmte. Sofort griffen starke, unbewußte Abwehrmechanismen ein, um sie daran zu hindern, sich mit diesen schmerzhaften Dingen auseinanderzusetzen.

So hatte Ita plötzlich mit einer starken Selbstmorddepression zu kämpfen, die in Wellen über sie kam; zugleich erlebte sie kurze Flashbacks an lange verdrängte Erinnerungen. Sie wußte nicht, woher diese Emotionen stammten, aber sie merkte, daß sie sie daran hinderten, ihren langersehnten Traum von Ehe in

Erfüllung gehen zu sehen. So betete sie im Gottesdienst am Neujahrsabend: „Herr, was immer es mich kostet, ich bitte dich, mir zu helfen, daß ich heiraten kann.“ Dieses Gebet gab dem Herrn die Erlaubnis, die Wurzeln ihrer Depression aufzudecken und sie zu überwinden.

Eine dunkle Obsession

Als Ita dieses Gebet sprach, hatte sie ihre Hoffnung auf Ehe primär mit Mario verbunden, ohne sich das einzugestehen. Das kam dann deutlich ans Licht, als Mario eine ihrer besten Freundinnen, Nancy, einlud, mit ihm auszugehen. Ita wurde sofort auf beide wütend. Bald zeigten sich bei ihr Neid und eine intensive Eifersucht. Diese fleischlichen Reaktionen stellten sich anderen so dar, daß sie Marios Aufmerksamkeit und Nancys Freundschaft exklusiv für sich beanspruchte.

Ita reagierte offensichtlich viel intensiver, als es bei Enttäuschung und Zorn aufgrund von Liebeskummer normal gewesen wäre. Emotionen, die in einer tiefen Wunde wurzelten und nichts mit Mario zu tun hatten, überschwemmten ihr Inneres. Sie erlebte wieder Flashbacks und wurde von Selbstmordfantasien gequält. Wie viele Menschen in einer Übertragung dachte sie manchmal, sie würde lieber sterben, als sich der Ursache ihrer Schmerzen auszusetzen.

Als Mario weiter mit Nancy ausging, änderte sich Itas Sicht von Mario radikal. Statt wie vorher seine Eigenschaften über alle Maßen zu loben, war sie ihm gegenüber jetzt überkritisch. Wie alle, die in einer Übertragung stehen, durchlebte sie eine tiefe Verwirrung, als sich ihre gegenwärtigen Gedanken über Mario mit den aus der Vergangenheit aufsteigenden Gefühlen mischten.

Innerlich unter höchster Anspannung stehend, überprüfte sie Marios Dienst und Beziehungen aufs Genaueste, um Fehler und Probleme zu finden. Dann bezog sie andere in ihr Bemühen mit ein, ihm Negatives nachzusagen. Sie schien entschlossen, der ganzen Welt zu beweisen, daß Mario nicht der gute und gottesfürchtige Mann war, der er zu sein schien. In ihrer Obsession entfernte sie sich immer weiter von der Auseinandersetzung mit ihrem eigentlichen Problem.

Zugleich fand Ita es immer schwieriger, die Beziehung zu ihren Freunden zu leben. Sie fühlte sich oftmals seltsam im Stich gelassen, „verraten und verkauft“. Obwohl sie wußte, daß diese

Gefühle irrational waren und nichts mit ihren Freunden zu tun hatten, fiel sie doch schnell in ihre alten Verhaltensmuster der Selbstisolierung zurück. Dadurch machte sie es ihren Freunden schwer, den Kontakt zu ihr zu pflegen. Sie wußte einfach nicht, wie sie ihnen Anteil an ihrem Schmerz geben sollte.

Je schwerer Itas Depression wurde, umso stärker wurde auch die stärkste Versuchung: einfach wegzulaufen – von ihrer Gemeinde, ihrem Haus und überhaupt allem. Sie fühlte sich abgeschnitten von der Realität und den Menschen um sie herum und träumte davon, irgendwohin weit weg zu ziehen.

Diese Situation spitzte sich drei Monate lang immer mehr zu, bis sie ihren Höhepunkt an dem Wochenende vor Marios Ordination zum Priester der Episkopalkirche erreichte. Ita blieb am Sonntag zu Hause und ging nicht in die Kirche. Während sie alle ihre Freunde und Bekannten in der Kirche wußte, sprach sie ihnen Botschaften auf den Anrufbeantworter und steckte Zettel an die Windschutzscheibe, in denen sie ihre Wut und ihr Selbstmitleid zum Ausdruck brachte. Sie kündigte zugleich an, daß sie die Gemeinde verlassen wollte.

Christus einladen

Mario hatte die ganze Zeit über gewußt, daß Ita in einer Übertragung lebte, und hatte darüber gebetet, wann und wie er sie deswegen ansprechen sollte. Als er das Thema mit seiner Gebetsgruppe und den Mitarbeitern der Gemeinde besprach, bekam er ihre volle Unterstützung. Nachdem er von Itas Verhalten an jenem Sonntag gehört hatte, wußte er, daß es Zeit war, sich mit ihr zu treffen.

Mario bat eine der Mitarbeiterinnen der Gemeinde, zu der Ita Vertrauen hatte, bei diesem Treffen dabei zu sein. Zusammen halfen sie Ita, zu verstehen, daß sie in einer Übertragung steckte. Sie forderten sie auf, nicht wegzulaufen, sondern die Beziehung zu ihnen beiden aufrecht zu erhalten; und sie versprachen, ihr zu helfen, wenn sie die Übertragung durcharbeiten wollte. Sie versicherten ihr auch, daß Christus sich mit ihr zusammen der Zerbrochenheit in ihrer Seele stellen würde. Mit alledem taten sie genau das, was nötig war, um Ita zu helfen.

Ita kann sich noch genau daran erinnern, daß sie während dieses Treffens die Entscheidung fällte, den beiden zu vertrauen, ihre Bewertung der Situation zu akzeptieren und selbst ihr ganzes

Vertrauen auf den Herrn zu setzen. Noch bevor sie das Büro verließ, erlebte sie einen ersten Hoffnungsschimmer und eine Spur Erleichterung.

In den folgenden Wochen und Monaten fiel es Ita immer leichter, ihre Aufmerksamkeit von Mario wegzulenken, so daß sie sich der wahren Quelle ihres Schmerzes stellen konnte. Zunächst standen ihr Stolz und Selbstmitleid im Weg, so daß sie nicht zugeben konnte, daß sie sich nach vielen Jahren voller Bemühungen immer noch mit den ungelösten Problemen ihrer Vergangenheit herumschlagen mußte. Es entmutigte sie, wie viele sündhafte Verhaltensmuster sie noch zu bekennen hatte. Aber sie überwand ihren Stolz und die Entmutigung und konnte mit Hilfe eines Therapeuten an die Wurzeln ihres Schmerzes gelangen.

Schließlich mußte sie sich ihren schlimmsten Erinnerungen stellen. Sie lud Christus ein, in sie hinein zu kommen. Dadurch wurde es ihr möglich, das „Unvergebbare" zu vergeben. Bei diesem Schritt vertieften sich ihr Schmerz und ihre Depression; ihre emotionalen Qualen verdichteten sich zu körperlichen Schmerzen. Dann verlor sie durch Zufall und ohne eigenes Verschulden auch noch ihre Arbeitsstelle. Sie war am Boden zerstört. In dieser Finsternis war sie sich nur noch der elementarsten Realitäten gewiß: Ihr Schmerz war real, Gott war real, und „Gott ist mit mir ganz unten".

Wenn sie von dieser Zeit erzählt, erinnert sich Ita an einen Moment, wo sie mit ihren eigenen Worten „aufhörte zu kämpfen". Sie entschied sich, Gott zu lieben und anzubeten, auch wenn diese lähmende Depression nie aufhören würde. Dieses Loslassen war der Wendepunkt, so seltsam es klingen mag. Von da an ging es bergauf, und die Depression ging zurück.

Es brauchte mehrere Monate, bis die Depression vollständig verschwunden war und sie die objektive Realität in Bezug auf Mario und andere Menschen annehmen konnte. Sie mußte ihre Wut auf Männer, die von ihrer Kindheit herrührte und mit ihrer asiatischen Abstammung zu tun hatte, sorgfältig aufarbeiten. Aber nach sieben Monaten, seitdem ihre Übertragung sich ins Negative gewendet hatte, so erinnert sich Ita, kam der Tag, an dem sie erkannte: „Es ist vorbei. Ich bin durch. Die Übertragung ist durchgearbeitet."

Von da an war sie frei von schweren Depressionen. Aber mehr noch: Sie wurde auch geistlich so schnell reif, daß sie bald ihren eigenen Dienst hatte. Sie erlebte eine neue Kraft aufgrund ihrer neuen Fähigkeit, gesunde Beziehungen zu haben. Einige Monate später begegnete sie dann Bob, den sie später dann heiraten sollte. In seiner Liebe blühte sie schnell auf und war bald soweit, seine Frau zu werden, so wie sie es gebetet hatte.

Gnade um Gnade

Fürwahr, er trug unsre Krankheit
und lud auf sich unsre Schmerzen. ...
Aber er ist um unsrer Missetat willen verwundet
und um unsrer Sünde willen zerschlagen.
Die Strafe liegt auf ihm, auf daß wir Frieden hätten,
und durch seine Wunden sind wir geheilt.

Jesaja 53,4-5

Übertragung kann das Tor zu unserer Seele sein, durch das Jesus mit seiner Heilung kommt, und zwar dort, wo wir es am meisten brauchen. Vor dieser Erfahrung merken wir vielleicht gar nicht, wie sehr wir darauf angewiesen sind, daß Jesus die unterirdischen Kammern unseres Herzens betritt.

Wo er noch nicht eingeladen worden ist, bleibt Jesus außen vor dem Tor zu den Tiefen unseres Lebens stehen. Die Krise einer Übertragung kann dazu dienen, uns wach zu machen für sein beständiges Rufen. Er steht da, mit Wasserschüssel und Handtuch in der Hand, und wartet auf die Einladung, die dunklen Kammern unseres Herzens zu betreten, um dorthin seine Reinigung und Heilung zu bringen.

Der Herr beginnt in dem Moment mit seinem Werk, in dem wir ihn einladen. Er erleuchtet, reinigt und ordnet die durcheinander geratenen Räume in unserer Seele neu. Dabei lädt er uns ein, ihm jeden schweren Verlust, jede schmerzliche Enttäuschung und bitteren Anstoß zu übergeben und jede uns bewußte Sünde zu bekennen. Dann wird Jesus, wie Jesaja voraussah, unsere Traurigkeit und Reue in Liebe auffangen und uns großzügig mit seiner Heilung und seinem Wohlergehen überschütten.

Jetzt können wir uns die Worte des Apostels Petrus zu Herzen nehmen: „Wenn dann eure Seelen durch die Unterwerfung unter die Wahrheit lauter gemacht worden sind, so daß sie in euch eine ungeheuchelte Liebe hervorbringt, dann laßt die Liebe, mit der ihr einander tragt, eine Liebe sein, die aus dem Herzen kommt und immer voll Eifer bleibt“ (1. Petrus 1,22 nach Cassirer).

Diejenigen, deren Herzen durch die Unterwerfung unter die Wahrheit lauter gemacht worden sind (wie das im Feuerofen der Übertragung geschieht), bekommen auf dramatische Weise den Mut, andere zu lieben. So werden sie frei, ihre Familie, Freunde und alle anderen Menschen zu lieben, deren Lebensweg den ihren kreuzt.

So hat die Entscheidung einer Person, mitten in einer Übertragung Gott vollkommen zu lieben, ihm zu vertrauen und zu gehorchen, enorm positive Auswirkungen auf ganze Familien und Gemeinden – und das für die Ewigkeit. Darin stellt Gott seine Macht unter Beweis, über alles Böse, Gefallene und Zerbrochene in der menschlichen Seele zu triumphieren und es zu verwandeln.

An dieser Umsetzung des Sieges Christi teilzuhaben bedeutet, die Überfülle seiner verwandelnden Gnade zu erleben, wie es der Apostel Johannes beschreibt: „Aus seiner Gnade haben wir, und zwar alle, Gnade über Gnade empfangen. Denn während das Gesetz durch Mose gegeben wurde, sind die Gnade und die Wahrheit durch Jesus Christus gekommen“ (Johannes 1,16-17 nach Cassirer).

Die vielen Segnungen, die wir durch eine Übertragung erleben können, erhalten wir dann, wenn wir unsere Hoffnung völlig auf den Herrn setzen. Wir bringen unseren Glauben und unsere Hoffnung vor dem dreieinigen Gott durch ein kühnes Flehen um die notwendige Hilfe zum Ausdruck. Eine wunderbare Möglichkeit dazu sind die folgenden Gebete aus dem anglikanischen *Book of Common Prayer:*

O Gott, du zeigst deine allmächtige Kraft vor allem darin, daß du Erbarmen und Gnade schenkst: Gewähre uns die Fülle deiner Gnade, damit wir eilen, deine Verheißungen zu erhalten und so Anteil gewinnen an deinen himmlischen Schätzen; durch Jesus Christus, unseren Herrn, der mit dir und dem Heiligen Geist lebt und regiert von Ewigkeit zu Ewigkeit. Amen.[1)]

O Gott, dessen hochgelobter Sohn in die Welt kam, um die Werke des Teufels zu zerstören und uns zu Kindern Gottes und zu Erben des ewigen Lebens zu machen: Gewähre uns, daß wir angesichts dieser Hoffnung uns reinigen, so wie er rein ist; damit wir, wenn er in Macht und Herrlichkeit wiederkommt, in seinem ewigen und herrlichen Reich ihm ähnlich gemacht werden. Dort lebt und regiert er mit dir und dem Heiligen Geist; ein Gott, von Ewigkeit zu Ewigkeit. Amen.[2)]

Anmerkungen

Kapitel 1: Meine Geschichte

1. Natürlich findet sich der moderne Begriff Übertragung als solcher nicht in der Bibel.
2. Vgl. Jesaja 53,4-5.
3. Verschiedene biblische Texte sprechen von der Beziehung zwischen Abgötterei/Götzendienst, dämonischen Aktivitäten und dem fleischlichen Wesen des Menschen: Psalm 106,36–42; Psalm 115,4–8; Psalm 135,15–18; Jesaja 44,17–20; 1. Korinther 10,19–21; Galater 5,19–21; 1. Johannes 5,21. Ein klassisches Beispiel dafür, wie ein Idol zuerst vergöttert und dann verachtet wird, findet sich in dem Roman von C. S. Lewis *Till We Have Faces* (deutsch: *Du selbst bist die Antwort,* Moers: Brendow Verlag 1997).

Kapitel 2: Übertragung – eine Definition

1. Lakes Einsichten finden sich in seinem großen Werk *Clinical Theology: A Theological and Psychiatric Basis to Clinical Pastoral Care* (London: Darton, Longman & Todd, 1966), das leider vergriffen ist.
2. Lake, *Clinical Theology,* S. 405.
3. David Benner (Hg.), *Baker Encyclopedia of Psychology* (Grand Rapids: Baker, 1985), S. 1173.
4. AaO. S. 1009.
5. AaO. S. 878.
6. Lake, *Clinical Theology,* S. 406.
7. Ärzte haben von Fällen von Übertragung berichtet, bei denen der Patient sich auf eines seiner inneren Organe oder Körper-

teile fixiert. Er konzentriert sich auf das, was nicht in Ordnung ist, statt sich seinen schmerzhaften Emotionen zu stellen.

8. Dr. Peter Gott, „The Doctor Says", Arlington Heights Ill., Daily Herald, 20. Oktober 1997.
9. Namen wurden geändert. Jeder Charakter ist aus mehreren Personen zusammengesetzt. Das gilt auch für die folgenden Geschichten dieses Buches.
10. Vgl. insbesondere Mark und Gigis Geschichte in Kapitel 3.

Kapitel 3: Erinnerungen kommen hoch

1. Sigmund Freud, „Erinnern, Wiederholen, Durcharbeiten" (1914), in: Sigmund Freud Studienausgabe, Ergänzungsband: *Schriften zur Behandlungstechnik* (Frankfurt: S. Fischer Verlag, 1975) S. 210
2. AaO. S. 209f.
3. Freud beobachtete eine eigentümliche Eigenschaft von Zeitlosigkeit in Verbindung mit dem Erwachen unbewußter Regungen: „Die unbewußten Regungen wollen nicht erinnert werden, wie die Kur es wünscht, sondern sie streben danach, sich zu reproduzieren, entsprechend der Zeitlosigkeit und der Halluzinationsfähigkeit des Unbewußten." Sigmund Freud, „Zur Dynamik der Übertragung" (1912), in: Sigmund Freud Studienausgabe, Ergänzungsband: *Schriften zur Behandlungstechnik* (Frankfurt: S. Fischer Verlag, 1975), S. 167.

Kapitel 4: Wurzeln in der Kindheit

1. Lake, *Clinical Theology,* S. 28.
2. Leanne Payne, *Du kannst heil werden* (Aßlar: Projektion-J Verlag, 1997), S. 58. Viele Kinder, die in der Kindheit an intensiven Spannungen im Genitalbereich leiden, werden in der Vorpubertät und Adoleszenz, wenn ihre Gefühle stärker sexualisiert werden, Probleme mit Masturbation haben. Die Praxis der Masturbation hat in solchen Fällen ihre Wurzeln in einer frühkindlichen Trennungsangst. Mehr dazu vgl. Leanne Payne, *Du kannst heil werden*, S. 58-59.
3. Lake, *Clinical Theology*, S. 10

Kapitel 5: Verdrängung, Stolz und Selbsttäuschung

1. Lake, *Clinical Theology,* 29.
2. Sigmund Freud, „Zur Dynamik der Übertragung“, S. 166.
3. Vgl. Philipper 4,8.
4. Josef Pieper, *Über die Liebe*, in: Josef Pieper, *Lieben, Hoffen, Glauben* (München: Kösel Verlag, 1986), S. 63f.

Kapitel 6: Offene Streitsucht

1. 1. Samuel 30,4. Die Geschichte wird in 1. Samuel 30,1-31 erzählt.
2. David Goetz, „Forced Out“, *Leadership,* Winter 1996, S. 42.
3. Leanne Payne, *Leanne Payne Newsletter,* P. O. Box 1313, Wheaton, IL 60189-1313, Herbst 1994. Deutsch: *PCM-Rundbrief,* Sommer 2000.

Kapitel 7: Verdeckte Zwietracht

1. Die vollständige Geschichte findet sich in 2. Samuel 13-18.
2. Goetz, „Forced Out“, S. 42.
3. Leanne Payne, *Leanne Payne Newsletter,* Herbst 1994; deutsch: *PCM-Rundbrief* Sommer 2000.
4. 2. Samuel 15,11.

Kapitel 8: Stellvertretende Übertragung

1. Leanne Payne, *Leanne Payne Newsletter,* Herbst 1994; deutsch: *PCM-Rundbrief,* Sommer 2000.
2. C. S. Lewis, *The Four Loves* (New York: Harcourt Brace Jovanovich, 1960), S. 113–15. Deutsch: *Was man Liebe nennt* (Gießen: Brunnen-Verlag, 1995)

Kapitel 9: Der unsichtbare Kampf

1. Thomas von Kempen, *Nachfolge Christi*, I,13 (Frankfurt: Fischer Bücherei, 1957), S. 52.
2. Vgl. 1. Timotheus 1,15-19.

Kapitel 10: Vom Umgang mit Übertragungen

1. Eine ausführliche Darlegung über die Freiheit des menschlichen Willens, sein Wohlergehen auch unter den Umständen

einer Psychose zu wählen, findet sich in: Viktor E. Frankl, *Ärztliche Seelsorge. Grundlagen der Logotherapie und Existenzanalyse* (Frankfurt: Fischer-Taschenbuch-Verlag 1982).

Kapitel 11: Fallen, die man vermeiden sollte

1. Hinweise auf die Vollmacht des Christen über die Sünde und das Böse finden sich in Johannes 20,23; Lukas 9,1 und Lukas 10,18-19.

Kapitel 12: Und wenn man selbst das Problem ist?

1. Ein umfassendes und praktisches Buch zum Führen eines Gebetstagebuchs ist: Leanne Payne, *Dich will ich hören, Herr* (Aßlar: Projektion J Verlag, 1996). Vgl. auch Kapitel 6 („Hören auf das heilende Wort Gottes“) in *Du kannst heil werden* von Leanne Payne (S. 146-169).

Schluß: Ein Happy End

1. *The Book of Common Prayer* (New York: The Church Hymnal Corp., 1979), Kollektengebete, Proprium 21.
2. *The Book of Common Prayer*, Kollektengebete, Proprium 27.

Bitte beachten Sie auch die Hinweise des Verlages auf den folgenden Seiten.

Weitere PCM-Autoren im ASAPH-Verlag

Leanne Payne

VERÄNDERNDE GEGENWART

Selbstannahme, Heilung und Vergebung

352 Seiten, Paperback
Bestellnummer 147532

ASAPH VERLAG